Ingeborg Josel

Bienenwachs

vielseitig verwenden

Kosmetik – Haushalt – Basteln

Leopold Stocker Verlag
Graz – Stuttgart

Umschlaggestaltung:
DSR Werbeagentur Rypka GmbH, 8143 Dobl/Graz, www.rypka.at
Titelbild: Mona Lorenz, Gmunden

Bildnachweis:
Mona Lorenz, Gmunden: S. 7, 10, 20 f., 25, 27 u., 28, 31, 33 f., 44, 47, 50, 54, 57, 64, 76.
Alle übrigen Abbildungen stammen dankenswerterweise von der Autorin Ingeborg Josel, Graz.

Bibliografische Information der Deutschen Nationalbibliothek
Die Deutsche Nationalbibliothek verzeichnet diese Publikation in der Deutschen Nationalbibliografie; detaillierte bibliografische Daten sind im Internet unter http://dnb.d-nb.de abrufbar.

Hinweis: Dieses Buch wurde auf chlorfrei gebleichtem Papier gedruckt. Die zum Schutz vor Verschmutzung verwendete Einschweißfolie ist aus Polyethylen chlor- und schwefelfrei hergestellt. Diese umweltfreundliche Folie verhält sich grundwasserneutral, ist voll recyclingfähig und verbrennt in Müllverbrennungsanlagen völlig ungiftig.

Auf Wunsch senden wir Ihnen gerne kostenlos unser Verlagsverzeichnis zu:
Leopold Stocker Verlag GmbH
Hofgasse 5/Postfach 438
A-8011 Graz
Tel.: +43 (0)316/82 16 36
Fax: +43 (0)316/83 56 12
E-Mail: stocker-verlag@stocker-verlag.com
www.stocker-verlag.com

ISBN 978-3-7020-1718-7

Layout und Repro: DSR Werbeagentur Rypka GmbH, 8143 Dobl/Graz
Druck: Finidr, s.r.o., Český Těšín

INHALT

Die Autorin Ingeborg Josel zeigt, was mit Bienenwachs alles möglich ist!

WARUM EINFACH SELBST MACHEN?

Um Ressourcen zu nutzen und Nachhaltigkeit zu fördern.

Unter diesen beiden Prämissen kann man sehr gut das Thema „Einfach selber machen, da weiß ich, was drin ist" zusammenfassen.

Ich beschäftige mich als führende Naturkosmetik-Expertin, leidenschaftliche Nebenerwerbslandwirtin und Frau, die gerne kocht, einkocht und auch die tollen Dinge aus dem Garten verwertet, schon seit sehr vielen Jahren mit allem, was man so einfach selbst machen kann.

Ob herrlich pflegende Naturseifen, wunderbare Cremes und Lotions für die Haut, Badepflegeprodukte oder eben auch kleine Geschenke wie Reinigungsmittel für den Haushalt – für mich gibt es nur im Kopf Grenzen. Man kann aus sehr wenigen Zutaten ganz großartige Produkte fertigen.

Sehr schnell hat man die benötigten Zutaten zusammengestellt und kann schon flott loslegen.

Haut, Umwelt und Geldbörserl sagen definitiv danke! – Und Spaß macht es obendrein.

Kleine selbstgefertigte Geschenke sind mittlerweile mehr Trend als irgendwo Gekauftes.

WELCHE WACHSE WERDEN HIER VERWENDET?

Verschiedene Wachse werden in diesem Buch verwendet – aber allen vorgereiht ist

Das Beste von der Biene – Bienenwachs

Das herrlich aromatisch duftende Bienenwachs ist die Zutat meines Herzens. Selber betreuen wir ein paar Bienenvölker, um auch für die Umwelt und die Nachhaltigkeit unseren Beitrag leisten zu können und um die Faszination rund um ein Bienenvolk zu erleben, welches gut 60.000 einzelne Bienen umfassen kann und dennoch als ein einziges Wesen in seiner Gesamtheit, als „Bien", gesehen wird. Faszination, Begeisterung und Liebe zu diesem Thema hat auch uns immer mehr von den Produkten, die mit der Bienenhaltung einhergehen, im Alltag verarbeiten lassen.

Das Bienenwachs an und für sich ist ein Nebenprodukt aus der Imkerei und ein Hauptprodukt im Bienenstock.

Das Bienenwachs wird von den fleißigen Arbeiterbienen angefertigt und damit bauen sie die allseits bekannten sechseckigen Bienenwaben. Aus in Summe acht Wachsdrüsen am Bienenbauch werden die vorerst fast durchsichtigen, farblosen Wachsplättchen von den Bienen sozusagen ausgeschwitzt. Der Kreislauf der Bienen in ihrem Leben hat unter anderem von Tag 12 bis Tag 20 die Station für das Wachsproduzieren und den Wabenbau. Danach fliegen die Bienen als Pollen- und Nektar-Sammlerinnen in die weite blühende Welt und überlassen die Wachsproduktion den jüngeren Bienen.

Die Wachsproduktion an und für sich stellen sie nur ein, können aber – zum Beispiel wenn ein Stock beschließt, auszuschwärmen, also den Bienenstock in einem Schwarm zu verlassen, um sich woanders niederzulassen – auch wieder schnell Wachswaben bauen, um für ihre Königin so rasch wie möglich eine Kinderstube für die Eier zu bauen.

Spannend ist auch, dass die Bienen selbst die Waben in runden Kreisen bauen. Aber um den vorhandenen Platz optimal ausnutzen zu können, werden die Wabenwände gewärmt und schmelzen dort, wo die Kreise ihre sonst

Fleißige Bienen

leeren (fast dreieckigen) Zwischenräume haben, zusammen. So ergibt sich die berühmte sechseckige Wabenform, die allseits bekannt ist.

Diese Waben haben zwei essentielle Funktionen. Sie sind einerseits die Kinderstube der Bienen. Dort wachsen aus den befruchteten Bieneneiern, welche von der Bienenkönigin gelegt worden sind, Larven heran, die zu Bienen werden und dann aus den Waben schlüpfen.

Andererseits dienen diese Waben auch als Vorratslager für den süßen Bienenhonig. Dafür werden die Waben von den eifrigen Bienen mit Nektar und Pollen befüllt und dann für die Reifung des Honigs mit einem Wachsdeckel verschlossen.

Der Imker erntet zuerst die Deckel der Honigwaben, um den Honig ernten zu können. Dazu wird die obere Wachsschicht der Waben abgelöst und kann zur Wachsgewinnung eingeschmolzen werden. Dann liegt der Honig quasi offen da und kann mit Hilfe einer Honigschleuder aus den Waben geschleudert werden.

Andererseits werden ausrangierte Rähmchen mit Wachszellen auch recycelt und das Wachs ausgeschmolzen, gereinigt und dann für die Weiterverarbeitung aufbereitet.

Am bekanntesten sind die honiggelben Bienenwachsplatten mit der wabenförmigen Oberfläche. Diese werden einerseits im Bienenstock verwendet – dort können die Bienen wieder ihre benötigten Räumlichkeiten auf den Wachsplatten aufbauen. Und andererseits kann man mit diesen Bienenwachsplatten ganz einfach schöne duftende Bienenwachskerzen rollen.

Bebautes Rähmchen

Brutwabe

Die sechseckige Bienenwabenstruktur

TIPP! Farbnuancen

Bienenwachs hat von Natur aus unterschiedliche Farbnuancen. Wachs, welches die Bienen frisch produziert haben, ist weiß. Somit ist das Wachs von frischen Honigwaben auch sehr hell.

Erst wenn die Waben älter sind und mehrere Jahre hindurch verwendet worden sind, wird das Wachs deutlich dunkler.

Die goldgelbe Farbe, welche man typisch von Bienenwachs kennt, entsteht auch durch die Zugabe von Propolis und Pollenanteilen, die fettlöslich sind. Je nach Standort der Bienenvölker und ihrer Ernte sind somit von Natur aus die Farbnuancen der Bienenwachsernten unterschiedlich.

Die typisch gelbe Farbe von Bienenwachs kann im Sonnenlicht ausbleichen und nahezu weiß werden. Vielleicht hat dies schon mal jemand bei echten Bienenwachskerzen beobachten können, die noch in einer wunderschönen satten gelben Farbe gekauft worden sind, aber dann viel heller geworden sind, wenn sie nicht dunkel gelagert worden sind. Dies ist wiederum ein Qualitätsmerkmal für naturreines Wachs und kein Makel.

Wird das Bienenwachs zu kalt, kann sich auf dem Wachs eine weiße Schicht bilden. Dies ist kein Schimmel, sondern eher eine Patina des Bienenwachses, ähnlich wie sie bei Kupferdächern auch zu sehen ist. Ein schöner Name für dieses Phänomen, welcher recht bekannt ist, ist „Wachsblüte".

Ein ganz toller Zusatz-Aspekt bei nativem Bienenwachs vom Imker Ihres Vertrauens ist, dass darin auch noch unter anderem Anteile von Propolis und Pollen enthalten sind, was gerade bei der Verwendung von diversen Balsamen auf der Haut und bei Bienenwachs-Wickeln sehr wertvoll ist.

Honigbiene

Bienenwachs

Beerenwachs

BEERENWACHS

Beerenwachs wird aus der Fruchtschale des Lacksumachs gewonnen. Dies ist ein bis zu 20 Meter hoher Laubbaum, welcher in Japan, Indien und Korea wächst. Das Beerenwachs ist somit ein Pflanzenwachs und eine vegane Alternative für die Herstellung von diversen kosmetischen Produkten.

In Lippenpflege eingearbeitet, ist es eher pflegend, ergibt aber keine so starke Schutzschicht, wie man sie von unserem Bienenwachs-Ökobello (siehe S. 22) her kennt.

In Balsamen ist es sehr gut einsetzbar und „stoppt" auf der Haut nicht so sehr, wie ein Balsam aus Bienenwachs und Mazeraten.

Beerenwachs ist auch eine gute Zutat für Handcremen, weil es eine nur fast unsichtbare hauchdünne, kaum spürbare Schicht über die Haut zaubert.

Der Schmelzbereich liegt bei ca. 52 °C und ist somit niedriger als der von Bienenwachs. Bei Produkten, die fester werden sollen, wie zum Beispiel Ökobellos, sollte man härtere Wachse als Bienenwachs mit einarbeiten. Als „Ersatz" für 10 g Bienenwachs kann man z. B. 8 g Beerenwachs und 2 g Carnaubawachs verwenden.

CARNAUBAWACHS

Ein weiteres Wachs, welches man sehr gut verwenden bzw. auch mit in die Rezepturen einbringen kann, ist Carnaubawachs. Dieses Wachs hat im Vergleich zum Bienenwachs einen weitaus höheren Schmelzbereich (um 82 °C) und aufgrund dieser Eigenschaft kann man es sinnvoll in Wachsprodukte einbringen. Carnaubawachs findet man unter anderem auch in Autopolituren.

Carnaubawachs

Sojawachs

SOJAWACHS

Es gibt am Markt Eco-Sojawachs, das bei einigen Anwendungen als eine Art vegane Alternative zu Bienenwachs empfohlen wird. Mit einem Schmelzbereich um die 50 °C liegt es quasi im Mittelfeld der Schmelzbereiche der Wachse. Ein tolles pflanzliches Wachs, das auch als Beimischung in diversen tollen Rezepturen einsetzbar ist und auch ganz fein für Dufttarts für die Duftlampen verwendet werden kann.

ROSENWACHS

Rosenwachs ist die hauchdünne Wachsschicht, die sich auf den Blütenblättern vorwiegend von Damaszener Rosen befindet. Dieses Wachs schützt die empfindlichen Blütenblätter vor dem Austrocknen. Das Rosenwachs hat einen herrlich aromatischen Rosenduft und der Schmelzbereich liegt zwischen 45 und 65 °C.

Eingesetzt werden kann Rosenwachs in vielen kosmetischen Rezepturen. So schützend, wie es sich auf die Rosenblüte legt, so pflegend ist es auf unserer Haut. Auch bei der Herstellung von Haarprodukten besticht die Beigabe von Rosenwachs durch seinen Glanz.

Rosenwachs

DAS SCHMELZEN VON WACHS

Die unterschiedlichen Wachsarten haben, wie bereits beschrieben, unterschiedliche Schmelztemperaturen. Carnaubawachs hat einen sehr hohen Schmelzbereich, was man sehr gut für Lippenpflegestifte, die auch im Sommer fest bleiben sollen, nützen kann. Bienenwachs liegt mit seinem Schmelzbereich um die 62 °C im mittleren Bereich.

Wachse können sich, wenn sie am Herd überhitzt werden, auch selbst entzünden. Deshalb ist es sehr wichtig zu berücksichtigen, die Wachse am einfachsten im Wasserbad einzuschmelzen.

Entweder verwendet man dazu eines dieser handelsüblichen Schmelztiegelchen, welche man auch für das Einschmelzen von Schokolade in der Küche verwendet. Diesen Tiegel hängt man oben in einen Topf mit Wasser ein und das Wachs schmilzt, sobald das Wasser in dem Topf zu kochen beginnt, langsam, aber sicher ein. Ganz toll zu verwenden sind diese Schmelztiegelchen überdies, weil sie zumeist eine integrierte Ausgießhilfe bzw. einen Schnabel haben.

Wachs beim Einschmelzen im Wasserbad

Eine weitere Möglichkeit ist es, einen speziell dafür gefertigten Einschmelz-Topf zu kaufen. Dieser ist in den meisten gut sortierten Wachs-Verarbeitungsshops unter dem Namen Wachs-Schmelztopf erhältlich.

Ähnlich wie bei einem Milchkochtopf ist der Topf doppelwandig und somit kann auch da nichts passieren.

TIPP! Topf nie alleine lassen

Nichtsdestotrotz empfehlen wir beim Einschmelzen von Wachs, das Wachs im Topf niemals alleine zu lassen, um unnötige Gefahren zu vermeiden!

Weiters sollte man bei den Materialien darauf achten, Edelstahl oder auch Email zu verwenden.

Töpfe aus Email dürfen außerdem keine schadhaften Stellen aufweisen, da diese auch nicht förderlich für das Wachs sein können. Hitzebeständiger Kunststoff wie auch Silikon sind weitere Alternativen für den Umgang mit heißem Bienenwachs.

Wenn man Bienenwachs mit Eisen, Zinn, Kupfer oder Aluminium in Verbindung bringt, gibt dies ganz unschöne Verfärbungen des herrlich gelben Wachses zu Grau. Dies möchte man ja auch nicht, wenn man etwas selbst herstellen möchte.

Weiters sollte man auch beim Einschmelzen von Wachs immer darauf achten, so wenig Hitze wie möglich, aber so viel, wie nötig, zu verwenden.

Langes Erhitzen mindert das herrliche Aroma und auch die goldgelbe Farbe von Bienenwachs. Je schonender man beim Einschmelzen vorgeht, desto mehr Freude wird man am Wachs haben.

Biene beim Nektarsammeln

WUSSTEN SIE, DASS ...

- Bienenwachs und Carnaubawachs auch als Trennmittel bei Gummibärchen eingesetzt werden?
- Bienenwachs als Lebensmittelzusatz unter der Nummer E 901 zu finden ist?
- Bienenwachs auch als Schutzüberzug für Obst, wie z. B. Äpfel, eingesetzt wird? Somit trocknet das Obst nicht so rasch aus und die Oberfläche ist überdies so schön glänzend.
- Bienenwachs auch als Überzug bei Dragees eingesetzt wird?
- Carnaubawachs auch ein Bestandteil von Autopolitur ist?
- Bienenwachs in der Kosmetik- und Pharmaindustrie ebenso eingesetzt wird?
- die klassischen Balsame, wie Ringelblumenbalsam, oder sonstige Kräutersalben ihre cremige Konsistenz durch Bienenwachs erhalten?
- die immer mehr im Trend liegende Bartpflege auch Bienenwachs verwendet?
- Bienenwachs wie auch Carnaubawachs ganz wunderbar in der Lippenpflege eingesetzt werden kann, um die Lippen zu schützen, mit ausreichend Feuchtigkeit zu versorgen und obendrein geschmeidig zu halten?
- Bienenwachs von uns Menschen nicht verstoffwechselt wird, sondern nahezu 1 : 1 wieder ausgeschieden wird? Dennoch gibt es bei Lebensmitteln keine Einsatzbeschränkung in der Menge, in der Bienenwachs eingesetzt werden kann.
- Bienenwachs, im Speziellen Entdeckelungswachs, mit Honig auch als Mundhygiene-Kaugummi verwendet werden kann?
- Viele Wachse, wie Bienenwachs und Carnaubawachs, in hochwertigen Möbelpflegeprodukten verarbeitet sind? Die kann man übrigens auch ganz einfach selbst machen und die Herstellung ist ebenso in diesem „Einfach-selbermachen-Buch“ beschrieben.

WACHSE IN DER KÖRPERPFLEGE

FÜR BART UND HAAR

Bartbalsam – mit der Kraft der Superbiene

je 8 g Bienen- und Beerenwachs
je 10 g Mandel-, Babassu- und Hanföl
5 Tropfen Zedernholzöl
3 Tropfen Sandelholzöl

Alle Zutaten auswiegen und im Wasserbad einschmelzen. Danach die ganze Mischung aus dem Wasserbad nehmen und so lange mit einem Glasrührstab oder einem kleinen Löffel rühren, bis die Wachs-Öl-Mischung temperiert ist und eine geschmeidige Balsam-Creme-Textur erkennbar ist. Dann ganz rasch die ätherischen Öle einrühren und in einen vorbereiteten Balsam-Tiegel abfüllen.

Bartwax – um den Bart richtig zwirbeln zu können

30 g Bienenwachs
je 10 g Oliven- und Jojobaöl
8 g Lanolin

Alle Zutaten auswiegen und im Wasserbad einschmelzen. Danach die ganze Mischung aus dem Wasserbad nehmen und so lange mit einem Glasrührstab oder einem kleinen Löffel rühren, bis die Wachs-Öl-Mischung eine leicht cremige Konsistenz aufweist. Dann zügig in einen vorbereiteten Tiegel oder eine Dose abfüllen und erst verschließen, wenn das Bartwax komplett erkaltet ist.

Die Konsistenz ist fest und sehr sparsam im Verbrauch. Einfach mit den Fingern über die Oberfläche reiben und das Bartwax an den gewünschten Stellen anbringen. Bringt jeden Bart in die gewünschte Form.

Bartpflege

Haarwax

20 g Sheabutter
20 g Beerenwachs
5 g Bienenwachs
5 g Rizinusöl

Bienenwachs, Beerenwachs und Rizinusöl gemeinsam im Wasserbad einschmelzen. Dann in die noch warme flüssige Ölmischung fein geschnittene Sheabutter zugeben, ebenso mit einschmelzen und danach in einen Tiegel abfüllen.

Für einen stärkeren Halt kann der Bienenwachsanteil erhöht werden.

Dieses Haarwax eignet sich sehr gut für Kurzhaarfrisuren. Für Langhaarfrisuren ist es nur bedingt einsetzbar – wie eben sonstiges Haarwachs auch.

LIPPENPFLEGE

TIPP! Erste Hilfe bei spröden Lippen

Bei spröden Lippen einfach reinen Bienenhonig mit den Fingerspitzen vorsichtig auf den Lippen verteilen. Dies gibt eine Extra-Pflege für die Lippen und macht sie wieder geschmeidig. Sollte etwas Honig herunterrinnen, kann man den süßen Honig gleich vernaschen.

Smoothie-Lippenbalsam aus Eco-Sojawachs

20 g Rizinusöl
10 g Eco-Sojawachs
8 g Bienenwachs
5 g Sheabutter
2 g Vitamin E

TIPP! Viel Pflege

Vitamin E – oder auch Tocopherol genannt – ist ein wunderbares Vitamin, welches der Lippenpflege einen sehr hohen Pflegeanteil verleiht.

Alle Zutaten schonend einschmelzen, das Vitamin E dazugeben, wenn die Masse schon leicht „anzieht“, und dann zügig in die vorbereiteten kleinen Lippenpflege-Dosen/Tiegel füllen. Erkalten lassen und fertig ist die Pflege. Den Deckel der Tiegelchen erst aufschrauben, wenn die Lippenpflegestifte vollständig erkaltet sind.

Diese Rezeptur mit dem Sojawachs fühlt sich ganz weich und geschmeidig auf den Lippen an – ein wunderbarer Smoothie-Lippenbalsam.

„Lucky Lips“ Ökobello – Lippenbalsam-Stift

Zutaten für ca. 4 Lippenstifthülsen
(in einen handelsüblichen Lippenpflegestift passen ca. 7 g Fettmasse)

12 g Mandelöl
8 g Jojobaöl
8 g Bienenwachs
2 g Carnaubawachs
5 g Sheabutter
optional 7 Tropfen Vitamin-E

Alle Zutaten schonend einschmelzen, das Vitamin E dazugeben, wenn die Masse schon leicht „anzieht“, und dann zügig in die vorbereiteten Lippenpflegestift-Hülsen füllen. Erkalten lassen und fertig ist die Pflege. Den Stoppel erst auf die gefüllten Hülsen geben, wenn die Lippenpflegestifte vollständig erkaltet sind.

Schritt 1: Die festen Zutaten ohne Sheabutter einwiegen.

Schritt 2: Die flüssigen Zutaten dazugeben.

Schritt 3: Die Sheabutter hinzufügen.

Schritt 4: Schonend im Wasserbad ...

Schritt 5: ... einschmelzen

Schritt 6: Noch warm vorsichtig abfüllen.

Schritt 7: Erst verschließen, wenn völlig erkaltet

Schritt 8: Fertig ist der Ökobello!

Lippenstift – rote Lippen soll man küssen

Zutaten für ca. 4 Lippenstifthülsen

12 g Mandelöl
8 g Jojobaöl
8 g Bienenwachs
2 g Lanolin anhydrat
5 g Kakaobutter
1 Messlöffel (ca. ½ Kaffeelöffel) Pigment Rot

Mandelöl, Jojobaöl, Bienenwachs und Lanolin schonend einschmelzen. Dann das flüssige Öl vom Herd nehmen und die Kakaobutter hinzufügen. Diese schmilzt gut in der Restwärme ein. Das Farbpigment dazugeben und fest umrühren, bis die Masse leicht „anzieht", und dann zügig in die vorbereiteten Lippenstifthülsen füllen. Erkalten lassen und fertig ist die rote Lippenpflege. Den Stoppel erst auf die gefüllten Hülsen geben, wenn die Lippenpflegestifte vollständig erkaltet sind.

TIPP! Bezugsquellen für Farbpigmente

Farbpigmente für Kosmetik sind im kosmetischen Rohstoffbedarf erhältlich.

Rosige Zeiten – edle Lippenpflege mit feinem Rosenwachs

10 g Bienenwachs
10 g Sheabutter
5 g Kakaobutter
15 g Mandelöl
1 g Rosenwachs

Bienenwachs und Mandelöl im Wasserbad gemeinsam einschmelzen. Dann die Buttern in das warme Öl zugeben und ebenso einschmelzen. Das Rosenwachs am Schluss hinzufügen und den Duft genießen.

Wenn alles eingeschmolzen ist, die noch flüssige Masse in kleine Lippenpflegedöschen oder leere Lippenstifthüllen abfüllen. Das Aroma des Rosenwachses kommt im fertigen Produkt ganz fein durch.

Lipgloss mit der Kraft der Superbiene

Die Basis ist die BieneVaseline (siehe Rezept Seite 26).

Die BieneVaseline kann man entweder natur, wie sie ist, als farblosen Lipgloss verwenden oder lieber etwas Farbe hineinbringen.

Man nimmt eine Mini-Menge BieneVaseline und Kosmetikpigmente. Diese werden in die BieneVaseline eingerührt. Je nach Menge erreicht man die gewünschte Intensität an Farbe.

Sie können auch von Ihrem roten Lieblingslippenstift ein wenig nehmen, schonend einschmelzen und ebenso in die BieneVaseline einmischen. Dies gibt oft ganz tolle Lipgloss-Varianten. Die bunte Lipgloss-BieneVaseline kann gut in kleine Mini-Tiegelchen abgefüllt werden.

Lippenpflege

Beeriger Ökobello – auch als vegane Alternative

10 g Beerenwachs
5 g Sheabutter
4 g Carnaubawachs
15 g Jojobaöl

Beerenwachs, Carnaubawachs und Jojobaöl im Wasserbad gemeinsam einschmelzen. Dann die Sheautter in das warme Öl zugeben und ebenso einschmelzen. Wenn alles eingeschmolzen ist, die noch flüssige Masse in kleine Lippenstifthülsen oder Mini-Tiegelchen abfüllen.

Beerige Alternative

DIE BIENEVASELINE – NATÜRLICH OHNE ERDÖL

Die handelsübliche Vaseline ist bedauerlicherweise mit Erdöl als Basis produziert. Diese schöne Alternative mit einer leicht gelartigen Konsistenz kann auch als schnelle Hautpflege mit Hilfe von Bienenwachs selbst gerührt werden.

Grundrezept

8 g Bienenwachs
5 g Beerenwachs
100 g Rizinusöl

Die Zutaten im Wasserbad schonend einschmelzen und danach von der Hitze nehmen.

Die flüssige Ölmischung mit einem kleinen Schneebesen so lange mixen, bis eine Konsistenz von einer Art Gel erreicht worden ist. Die Öko-Vaseline ist nun temperiert und kann, wenn gewünscht, noch mit ätherischen Ölen veredelt werden. Ein wenig Vitamin E (Tocopherol) kann ebenso als pflegender Wirkstoff am Ende eingerührt werden.

Die BieneVaseline in einen Tiegel abfüllen.

Das Wachs legt sich wie ein unsichtbarer Schutzfilm über die Haut und ist sehr hilfreich bei rissigen, stark beanspruchten Händen – eine schlichte Pflegekomponente, die jeder Haut gut tut.

Die BieneVaseline kann auch ganz toll als Lipgloss für die Lippen eingesetzt werden. Die Wachse in Verbindung mit dem Rizinusöl geben einen tollen Glanz mit viel Schutz für die Lippen. Einfach herrlich.

BieneVaseline-Scrub – das Peeling mit dem Pflege-Plus

Die Basis für den Peeling-Scrub ist wieder die BieneVaseline.

8 g Bienenwachs
5 g Beerenwachs
100 g Rizinusöl
Schrubbel-/Peeling-Zutaten, wie z. B. Mohnsamen, Erdbeersamen oder feine Jojobawachsperlen aus dem kosmetischen Rohstoffbedarf

Die Zutaten im Wasserbad schonend einschmelzen und danach von der Hitze nehmen.

Die flüssige Ölmischung mit einem kleinen Schneebesen so lange rühren, bis eine Konsistenz von einer Art Gel erreicht worden ist. Anschließend einen „Schrubbel" einrühren. Dieser Schrubbel können z. B. getrocknete Erdbeersamen oder Mohnsamen sein. Diese schrubbeln und peelen zuverlässig abgestorbene Hautpartikelchen ab, wenn Sie mit dem BieneVaseline-Scrub vorsichtig über die Haut reiben. Die Haut wird zeitgleich durch die feine Öl-Wachs-Mischung reichhaltig gepflegt und bekommt überdies noch eine Art Schutzschicht obendrauf. Gut abwaschen!

Sehr empfehlenswert!

BieneVaseline – hilfreich bei kleinen Hautirritationen

In die temperierte BieneVaseline noch zusätzlich einen kleinen Löffel Honig mit einrühren. Die helfende Wirkung des Honigs in Verbindung mit dem feinen Bienenwachs kann auch bei extrem trockenen Hautstellen sehr hilfreich sein. Einfach ausprobieren – mehrmals täglich auf die betroffenen Stellen auftragen.

BieneVaseline ist auch eine hervorragende Kälte-Schutzcreme bei Minusgraden im Winter.

PARFUMS IN FESTER FORM

Parfum-Grundrezept – immer eine dufte Idee

7 g Bienenwachs
7 g Mandelöl
je 7 g Shea- und Kakobutter
bis zu 17 Tropfen ätherisches Öl oder Parfümöl

Alle Zutaten auswiegen und im Wasserbad einschmelzen. Danach die ganze Mischung aus dem Wasserbad nehmen und so lange mit einem Glasrührstab oder einem kleinen Löffel rühren, bis die Wachs-Öl-Mischung eine leicht cremige Konsistenz aufweist und auch ein wenig temperiert ist.

Duft im Tiegel

Dann kommen die Düfte hinzu und werden sehr gut eingerührt. Anschließend die Masse zügig in einen vorbereiteten Tiegel oder eine Dose abfüllen und erst verschließen, wenn das Parfum in fester Form komplett erkaltet ist.

Für die Anwendung einfach mit dem Finger über die Oberfläche des Parfum-Blockes drüberstreichen und an den Stellen der Haut, wo man den Duft gerne trägt, auftragen.

Parfum in fester Form ist sehr schonend und pflegend zugleich für die Haut und wird zumeist sogar besser vertragen als herkömmliche Parfums auf Alkoholbasis, welche empfindliche Haut doch reizen können.

Feinster Balsamduft mit einem Hauch betörende Blüte

7 g Bienenwachs
7 g Mandelöl
je 7 g Shea- und Kakobutter
7 Tropfen ätherisches Öl Sandelholz
7 Tropfen ätherisches Öl Benzoe
5 Tropfen ätherisches Öl Ylang-Ylang

Das Parfum in fester Form kann in Tiegelchen, kleinen Dosen oder – auch ganz praktisch für unterwegs – in Lippenstifthülsen abgefüllt werden. In dieser Form – also nicht flüssig – kann es sogar im Handgepäck in den Urlaub transportiert werden.

Alle Wachs-Öl-Zutaten auswiegen und im Wasserbad einschmelzen. Danach die ganze Mischung aus dem Wasserbad nehmen und so lange mit einem Glasrührstab oder einem kleinen Löffel rühren, bis die Wachs-Öl-Mischung eine leicht cremige Konsistenz aufweist und ein wenig temperiert ist.

Dann kommen die Düfte hinzu und werden sehr gut eingerührt. Anschließend die Masse zügig in einen vorbereiteten Tiegel oder eine Dose abfüllen und erst verschließen, wenn das Parfum in fester Form komplett erkaltet ist.

Mutter Erde, eine erdige Duftkomposition mit einem Hauch von Woodstock

7 g Bienenwachs
7 g Mandelöl
je 7 g Shea- und Kakobutter
8 Tropfen ätherisches Öl Patchouli
4 Tropfen ätherisches Öl Rosenholz
4 Tropfen ätherisches Öl Geranium

Alle Wachs-Öl-Zutaten auswiegen und im Wasserbad einschmelzen. Danach die ganze Mischung aus dem Wasserbad nehmen und so lange mit einem Glasrührstab oder einem kleinen Löffel rühren, bis die Wachs-Öl-Mischung eine leicht cremige Konsistenz aufweist und ein wenig temperiert ist.

Dann kommen die Düfte hinzu und werden sehr gut eingerührt. Anschließend die Masse zügig in einen vorbereiteten Tiegel oder eine Dose abfüllen und erst verschließen, wenn das Parfum in fester Form komplett erkaltet ist.

Seelenschmeichler

15 g Mandelöl
9 g Bienenwachs
3 g Vitamin E (Tocopherol)
je 5 Tropfen ätherisches Lavendel-, Zitronen- und Sandelholzöl

Das Öl gemeinsam mit dem Bienenwachs im Wasserbad einschmelzen. Danach das Vitamin E einrühren und so lange rühren, bis die Fettmasse ganz leicht anzieht. Dann die ätherischen Öle beigeben und zügig unterrühren. Die dufte Masse in kleine Tiegelchen abfüllen und erst verschließen, wenn sie vollständig erkaltet sind.

MASSAGEBARREN

Calendula-Massagebarren – feinster Massagebarren, mit Ringelblumenöl verfeinert, besonders gut und pflegend zur Haut

30 g Bienenwachs
30 g Calendulaöl
30 g Sheabutter
30 g Kakaobutter
5 Tropfen Sanddornfruchtfleischöl

Das Bienenwachs gemeinsam mit dem Calendulaöl (auch Ringelblumenöl genannt) einschmelzen.

Wenn alles flüssig ist, die Sheabutter in kleinen Flöckchen (weil sie dann in der Restwärme flotter schmelzen kann) hinzufügen sowie auch die Kakaobutter zum Einschmelzen dazugeben.

Auf keinen Fall zu heiß arbeiten, da sonst die sehr hitzeempfindlichen Buttern eventuell nicht mehr in ihren zuvor festen Aggregatzustand zurückfinden könnten und die Massagebarren nicht fest werden würden.

Danach einfach wieder in vorbereitete Silikonformen abfüllen und aushärten lassen.

Massagebarren Natur pur – reichhaltige Bodylotion am Stück mit feinem Bienenwachs und pflegender Sheabutter

30 g Bienenwachs
30 g Mandelöl
30 g Sheabutter
30 g Kakaobutter
bis zu ca. 25 Tropfen Parfümöl oder ätherisches Öl

Das Bienenwachs und das Mandelöl auswiegen und im Wasserbad einschmelzen. Wenn diese Mischung flüssig ist, die Buttern (Sheabutter am besten in dünnen Scheibchen) bis auf 3 Pellets Kakaobutter dazugeben. Diese Buttern sind hitzesensibel und sollten nicht zu heiß gemacht werden. Danach die ganze Mischung aus dem Wasserbad nehmen und die restlichen Kakaobutterpellets hinzufügen, „damit sich die Masse daran erinnert, wie sie sich vorab im festen Zustand angefühlt hat", und so, wenn sie erkaltet ist, auch wieder optimal zu einem Massagebarren fest wird. Das Duftöl hinzufügen und nochmals einrühren.

Dann zügig z. B. in vorbereitete Silikonförmchen abfüllen und bei Zimmertemperatur erkalten lassen.

Die Konsistenz ist fest und sehr sparsam im Verbrauch. Einfach mit dem Massagebarren langsam über die Haut gleiten. Die Körperwärme lässt genau die passende Menge schmelzen und auf der Haut bleiben.

Ganz fein ist der Massagebarren nach dem Duschen auf die noch feuchte Haut aufzutragen.

Kokos-Massagebarren – ein Hauch von Südsee auf der Haut

50 g duftendes Bio-Kokosöl
50 g Bienenwachs
30 g Sheabutter
20 g Kakaobutter

Das Bienenwachs gemeinsam mit dem duftenden Bio-Kokosöl im Wasserbad einschmelzen.

Wenn alles flüssig ist, die Sheabutter in kleinen Flöckchen (weil sie dann flotter in der Restwärme schmelzen kann) hinzufügen.

Am Schluss die Kakaobutterpellets dazugeben und ebenso mit der Restwärme einschmelzen lassen. Auf keinen Fall zu heiß

arbeiten, da sonst die doch sehr hitzeempfindlichen Buttern eventuell nicht mehr in ihren zuvor festen Aggregatzustand zurückfinden könnten und die Massagebarren nicht fest werden würden.

Danach einfach wieder in vorbereitete Silikonformen abfüllen und aushärten lassen.

TIPP! Für mehr Duft

Wer möchte, kann auch hier noch am Schluss in die geschmolzene Masse bis zu ca. 15 Tropfen Parfümöl Kokos hinzufügen, um den Kokosduft noch mehr zur Geltung zu bringen.

Schritt 1: Bienenwachs einschmelzen.

Schritt 2: Kakao- und Sheabutter in die gelösten Bienenwachse geben und mit ein wenig Rühren schmelzen lassen.

Schritt 3: Alles zusammen verrühren.

Schritt 4: Die fertig verrührte Ölmasse in kleine Silikonförmchen abfüllen und kalt stellen.

Massagebarren Honig-Lavendelbiene

30 g Kakaobutter
20 g Kokosöl
20 g Bienenwachs
5 g Honig
5 g Erdäpfelstärke
8 Tropfen naturreines ätherisches Lavendelöl

Das Bienenwachs gemeinsam mit dem Honig und dem Kokosöl im Wasserbad einschmelzen.

Die Kakaobutter in die flüssige erhitzte Öl-Mischung geben und mit so wenig Hitze wie möglich ebenso mit einschmelzen.

Am Schluss noch die Erdäpfelstärke und das Lavendelöl zügig in die ganz leicht temperierte und somit nicht mehr ganz dünnflüssige Öl-Mischung unterrühren.

Die ganze Masse in vorbereitete Silikonförmchen abfüllen und aus den Formen nehmen, wenn sie vollständig erkaltet ist.

FÜR DIE NÄGEL

Nailbalm – feinster Nagelbalsam für gepflegte Hände

Zutaten für eine 20-ml-Dose

10 g Mandelöl
5 g Weizenkeimöl
3 g Bienenwachs
7 Tropfen ätherisches Öl Zitrone

Das herrliche Bienenwachs mit dem Mandelöl einwiegen und schonend einschmelzen. Wie immer so viel Hitze wie nötig nehmen, aber so wenig wie möglich. Am einfachsten ist das Einschmelzen im Wasserbad.

Danach den Topf von der Wärme nehmen und das Weizenkeimöl hinzufügen. So lange mit der Hand rühren, bis die Masse etwas temperiert ist. Das erkennt man auch daran, dass sie ein ganz klein wenig anzudicken beginnt. Das ist dann der optimalste Moment, um das ätherische Zitronenöl einzurühren und die ganze Masse sodann flott in den vorbereiteten Tiegel abzufüllen.

BALSAME

Allzweck-Bienenbalsam

30 g Rizinusöl
15 g Olivenöl
15 g Bio-Kokosöl
7 g Bienenwachs
je 7 g Shea- und Kakaobutter

Alle Zutaten bis auf die zwei Buttern (Sheabutter und Kakaobutter) im Wasserbad einschmelzen. Sobald diese flüssig sind, von der Hitze nehmen und die beiden Buttern hinzufügen. Diese können dann in der Restwärme aufgrund ihres sehr niedrigen Schmelzbereiches sehr gut schmelzen. Die Masse unter Rühren gut abkühlen lassen, bis sie etwas temperiert ist. Wenn der Balsam eine ganz leicht rührfähige, geschmeidige Crementextur hat, kann man ihn in vorbereitete Tiegel abfüllen.

Dieser Allzweck-Bienenwachsbalsam macht die Haut samtweich. Er kann das ganze Jahr über verwendet werden und schützt die Haut auch sehr gut vor der Kälte im Winter. Auch über das übrige Jahr ist er ein hervorragender Universal-Hautbalsam für die tägliche Pflege.

TIPP! Auch für Babys geeignet!

Dieser Balsam kann mit seiner wunderbaren Zusammensetzung auch als Popo-Salbe für den Windelbereich eingesetzt werden. Auch dort ist diese Pflege von Vorteil.

Propolis-Honig-Balsam

Propolis kann irritierte Hautstellen beruhigen und hat besondere Pflege-Eigenschaft bei trockener Haut.

Der römische Philosoph Aristoteles bezeichnete in seinen Schriften zur Naturgeschichte Propolis als bewährtes Mittel bei Quetschungen, Wunden, Geschwüren und vielem mehr. Schon damals wusste man bereits um die vielen hilfreichen Wirkungen von Propolis. Heute beschäftigt sich auch die so genannte Api-Therapie ausführlich mit den unzähligen Wirkstoffen, die in Propolis enthalten sind.

30 g Olivenöl (oder 30 g Schweineschmalz)
8 g Bienenwachs
10 g Kokosöl
ca. 5 g Honig (oder ganz wenig Honig von einem Löffelchen in den Balsam rinnen lassen)
12 Tropfen Propolistinktur

Schweineschmalz wurde in früheren Zeiten sehr oft pur bei allerlei Wehwehchen auf die Haut aufgetragen. Ob Verspannungen, leichte Blessuren oder trockene Haut, ein Griff ins Schmalzfass war alltäglich.

Das Olivenöl (oder das Schmalz) gemeinsam mit dem Kokosöl und dem Bienenwachs

Ringelblumenbalsam (Rezept auf S. 36)

im Wasserbad einschmelzen. Danach die nun flüssige Mischung aus dem Wasserbad nehmen und mit einem kleinen Spatel so lange umrühren, bis der Balsam abkühlt und eine leicht cremige Konsistenz bekommt. Dann die Propolistinkur eintropfen sowie den Honig beigeben und gut in den lauwarmen cremigen Balsam einrühren.

Zuletzt in Tiegel abfüllen.

Entspannungsbalsam – Rückenschmeichler

30 g Johanniskrautöl
10 g Ringelblumenöl
9 g Bienenwachs
5 g Lanolin
je 5 Tropfen ätherisches Rosmarinöl und ätherisches Zirbenöl

Die Öle, das Wachs und das Lanolin gemeinsam auswiegen und im Wasserbad einschmelzen. Danach die ganze Mischung aus dem Wasserbad nehmen und so lange mit einem Glasrührstab oder einem kleinen Löffel rühren, bis die Wachs-Öl-Mischung eine leicht cremige Konsistenz aufweist.

Erst dann die ätherischen Öle gut einrühren. Zuletzt zügig in einen vorbereiteten Tiegel oder eine Dose abfüllen und erst verschließen, wenn der Entspannungsbalsam komplett erkaltet ist.

Den Rückenschmeichler am besten abends auf die betroffenen Hautpartien einmassieren. Über Nacht kann sich die wohltuende Wirkung der Zutaten entfalten.

TIPP! Vorsicht bei Sonneneinstrahlung

Bei Johanniskraut bitte auch darauf achten, niemals nach dem Eincremen an die Sonne zu gehen, da dies sehr leicht Sonnenflecken auf der Haut bilden kann.

Ringelblumenbalsam – der hilfreiche Klassiker unter den Balsam-Texturen

30 g Ringelblumenöl
4 g Kakaobutter
8 g Bienenwachs

Alle Zutaten auswiegen und zuerst das Ringelblumenöl mit dem Bienenwachs im Wasserbad einschmelzen. Danach die nun flüssige Mischung aus dem Wasserbad nehmen und die Kakaobutter hinzufügen. Diese löst sich in der Restwärme rasch auf. Dann zügig in einen vorbereiteten Tiegel oder eine Dose abfüllen und erst verschließen, wenn der Ringelblumenbalsam erkaltet ist.

Bei rissigen Händen, kleinen Schrunden wie auch zur Narbenpflege ist dieser Balsam sehr empfehlenswert. Die Kraft der Ringelblume ist schon seit langer Zeit in der Naturheilkunde bekannt und diese Pflanze wird auch heute noch sehr gerne zeitgemäß verarbeitet und verwendet.

Beerenbalsam – hilfreich bei Husten

Wenn Sie den Beerenbalsam auf die Brust auftragen, bekommen Sie bei einer Verkühlung besser Luft.

40 g Johanniskrautöl
20 g Ringelblumenöl
15 g Beerenwachs
8 g Lanolin
je 3 Tropfen ätherisches Fichtennadel-, Rosmarin-, Kampfer-, Thymian- und Salbeiöl

Die Öle mit Lanolin und Beerenwachs einschmelzen und dann von der Hitze nehmen. Rühren, bis eine geschmeidige Balsam-Textur erkennbar ist und der Balsam ein wenig temperiert. Dann die ätherischen Öle einrühren und zügig in vorab vorbereitete Salbentiegel abfüllen.

SALBE, CREME UND LOTION

Narbensalbe

Eine Grundregel ist, dass eine Narbensalbe regelmäßig angewendet werden soll. Gerade frische Narben können so am besten verheilen. Auch ist es wichtig, dass die Narben nicht austrocknen, da sich das Gewebe so besser und rascher erneuern kann. Überdies hält die Narbensalbe es elastisch, sodass keine Risse entstehen, die das Abheilen unnötig verzögern würden.

Wir empfehlen, als Grundzutat einen Kräuter-Öl-Auszug aus Ringelblumen und Schafgarbe zu machen. Hierfür in ca. 100 ml Olivenöl in Summe eine gute Handvoll getrocknete Ringelblumen- und Schafgarbenblüten in einem kleinen Topf erwärmen und eine gute halbe Stunde mit wenig Temperatur simmern lassen.

Das Ganze langsam wieder auskühlen lassen und am besten am nächsten Tag die Kräuter vom Öl wieder trennen.

TIPP! Abfiltern des Öls

Zum Abfiltern des Öls eine Feinstrumpfhose, welche bereits eine Laufmasche hatte, nochmals waschen. Diese dann doppelt nehmen und damit die Kräuter heraussieben, indem Sie die Öl-Kräuter-Masse durch den Strumpf durchrinnen lassen. Die Kräuter gut auswringen.

Der Vorteil dabei ist, dass das gute Öl nicht unnötig in einem Leinentuch hängenbleibt, sondern wirklich alles herausgepresst werden kann. Überdies ist die Feinstrumpfhose so wenigstens noch ein letztes Mal sinnvoll verwendet worden.

50 g Kräuteröl (Mischung siehe oben)
20 g Sheabutter
10 g Kakaobutter
12 g Bienenwachs
5 Tropfen Sanddornfruchtfleischöl
5 g ätherisches Öl Immortelle

Das Bienenwachs mit der Ölmischung einschmelzen. In die noch warme flüssige Ölmischung die Buttern (Sheabutter und Kakaobutter) hinzufügen und ebenso einschmelzen lassen. Am Schluss das Sanddornfruchtfleischöl und die Immortelle dazugeben und gut unterrühren.

Die Masse in vorbereitete Tiegel abfüllen, und wenn sie abgekühlt ist, die Tiegel verschließen.

TIPP! Narbenpflege

Die Narbenheilung dauert weit länger als die Wundheilung. Narbengewebe braucht seine Zeit, sich an die Elastizität und an das umliegende Gewebe wieder anzupassen. Gerade in dieser Zeit empfiehlt es sich durchaus, eine Zeitlang Narbensalbe zu benützen. Dies kann auch die Optik der Narben positiv beeinflussen.

Schnelle Beerenlotion

100 g Kokosöl*
15 g Beerenwachs
Duftöl nach Wunsch

Das Beerenwachs mit dem Kokosöl einschmelzen, die Öl-Wachs-Mischung dann von der Hitze nehmen und mit einem kleinen Schneebesen so lange mixen bzw. rühren, bis

* Wer den feinen Duft von Kokos genauso liebt wie die Autorin, sollte hier zu aromatischem Bio-Kokosöl greifen.

die Masse temperiert und zu einem geschmeidigen Lotion-Gel geworden ist.

Nach Lust, Laune und Verfügbarkeit kann man hier ein Duftöl hinzufügen. Unsere Empfehlung: Auf ca. 10 g fertige Creme/Lotion je 1 Tropfen Duft(öl) hinzugeben.

Diese Beerenlotion pflegt reichhaltig den ganzen Körper.

Inges Lieblings-Bienenwachscreme

Diese feine Creme kann für den ganzen Körper verwendet werden und besticht einfach durch ihre herrlich cremige Konsistenz. Das Bienenwachs schmiegt sich wie eine hauchdünne Pflegeschicht an die Haut an.

Fettphase

50 g Mandelöl
8 g Glycerinstearate SE (ein pflanzlicher Emulgator, welcher auch für Naturkosmetik zugelassen ist und ein feines Gefühl auf der Haut hinterlässt)
5 g Bienenwachs
3 g Honig

Wasserphase

100 g destilliertes Wasser

Inges Lieblings-Bienenwachscreme

Wirkstoffphase

55 Tropfen Biokons NEO (ist ein in der Naturkosmetik zugelassener, intensiv nach Rosen duftender Konservierer – 3 Tropfen pro 10 g fertige Creme ergeben ca. 3 Monate Haltbarkeit, 6 Tropfen pro 10 g fertige Creme ergeben ca. 6 Monate, wenn sauber gearbeitet worden ist)
(Natürlich können sie hier den Konservierer ihrer Wahl ebenso in der passenden Menge einsetzen.)

je 5 Tropfen ätherisches Lavendelöl und Parfumöl Vanille

Die Wasserphase und die Fettphase jeweils in zwei hitzeunempfindlichen Gefäßen einwiegen und am einfachsten in einem Wasserbad erwärmen. Oder in einen Topf mit köchelndem Wasser stellen, bis die Fettphase vollständig eingeschmolzen ist und die Wasserphase dieselbe Temperatur erreicht hat. Wenn beide Phasen in einem Wasserbad erwärmt werden, wird die Temperatur auch ähnlich warm ausfallen.

Die Wasserphase sodann in einem feinen Strahl unter stetem Rühren mit einem Spatel zum Beispiel in die Fettphase emulgieren. Emulgieren bedeutet, dass sich die Fette und das Wasser zu einer feinen Creme verbinden. Wenn die Masse eine homogene Konsistenz aufweist, Inges Lieblings-Bienenwachscreme im kalten Wasserbad so lange weiterrühren, bis sie moderat kühler wird und auch leicht andickt.

Wenn die Creme so temperiert ist, ist der richtige Zeitpunkt für die so genannte Wirkstoffphase. Dabei werden die Wirkstoffe wie auch die Düfte und der Konservierer nacheinander dazugegeben und jeweils nochmals gut eingerührt.

Die fertige Creme dann in zuvor desinfizierte Tiegelchen abgefüllen. (Ablauf siehe S. 40)

Schritt 1: Wasserphase und Fettphase getrennt voneinander einwiegen ...

Schritt 2: ... und gemeinsam im Wasserbad erhitzen.

Schritt 3: Unter stetem Rühren die Wasserphase in die Fettphase tröpfchenweise hineingießen.

Schritt 4: Weiterrühren, bis sie temperiert ist und eine leicht cremige Komsistenz hat.

Schritt 5: In die vorbereiteten Tiegel abfüllen.

ALTES HAUSMITTEL – DER WICKEL

Bienenwachswickel

Althergebrachte traditionelle Naturheilkunde erfährt eine Renaissance.

Die heilsame, wohltuende Wirkung von Bienenwachsauflagen ist nichts neu Erfundenes, sondern war schon zu Zeiten der alten Naturheilkundigen bekannt. Diese Wickel sind einfach zu machen, effektiv und vielseitig in der Anwendung.

Bienenwachswickel sind Wärmewickel, die die körpereigene Wärme unterstützen. Das Wachs selbst ist ein Naturprodukt, das antirheumatische und auch desinfizierende, also reinigende, Eigenschaften hat. Die Durchblutung wird unter anderem angeregt und dadurch spürt man rasch Linderung.

Die Wachswickel können auch, wenn man sie Natur pur belässt, sehr gut bei Babys und Kleinkindern angewandt werden.

In Kombination mit Erkältungsbalsam oder Entspannungsbalsam zuvor aufgetragen, ist der Bienenwachswickel auch ein Turbo-Wiedergutmacher bei Erkältungen. Die Kraft der Superbienen ist auch hier hautnah spürbar.

Als Erstes werden Leinen-Stoffstücke in die gewünschten Wickelgrößen zusammengeschnitten. Ist der Wickel für Erwachsene als Brustauflage bei hartnäckigem Husten gedacht, werden ca. 20 x 30 cm große Leinenstücke mit einer Schere zurechtgeschnitten. Wickel für Kleinkinder werden dementsprechend kleiner gehalten.

Ganz praktisch sind auch immer die Quadrate für alle Fälle. Sie messen 20 x 20 cm und können bei Verspannungen gut punktuell auf der Haut aufgelegt werden.

Im Wasserbad wird Bienenwachs eingeschmolzen, bis es flüssig ist. Die Leinenstreifen am besten mit Hilfe von 2 Wäscheklammern – damit man sich die Finger nicht am heißen Wachs verbrennt – in das flüssige

Bienenwachs in der Naturheilkunde

Bienenwachs eintauchen und langsam wieder herausziehen. Bereits nach dem ersten Tauchgang sollte sich eine erste Wachsschicht gebildet haben.

Das wachsgetränkte Tuchstück etwas abtropfen und fest werden lassen. Dies geht zumeist sehr rasch. Und dann wieder kurz in das Wachs tauchen.

Das Ganze wird in Summe ca. drei bis vier Mal wiederholt. Am Leinen sollte das Wachs gut haften und die Tücher sollten mit einer nicht zu dünnen Bienenwachsschicht überzogen sein, aber nicht zu dick, da sie sich sonst nicht anlegen lassen, weil sie zu steif werden. Wir lassen die Wickel am liebsten auf einer Wäscheleine fertig trocknen.

Eine alternative Variante wäre auch, diese auf einem Backpapier aufzulegen, bis sie nicht mehr klebrig sind.

Diese Bienenwachswickel kann man sehr gut aufbewahren, sodass man sie zu Hause hat, wenn man sie braucht. Einfach zwischen die einzelnen Wickel eine Lage Anti-Haft-Backpapier legen. Da haftet auch kein Bienenwachs dran, sodass die Wickel nicht

Tuch und Wachs

aneinander festkleben. Am allerbesten bewahrt man die fertigen Bienenwachswickel an einem sehr kühlen Ort oder gleich im Kühlschrank auf.

Bei Bedarf den Wickel kurz anwärmen. Ganz flott geht es mit einem handelsüblichen Haarfön. Sobald das Wachs weicher geworden ist, die Temperatur kontrollieren, damit der Wickel nicht zu heiß ist, und ihn auf der betroffenen Stelle auflegen, wo der Wickel seine herrlich wohltuende Wirkung entfalten sollte. Darüber kann man zum Beispiel ein engeres T-Shirt anziehen, damit der Wickel verbleibt, wo er bleiben soll.

Der Wickel kann auch über Nacht am Körper bleiben. Die Wirkung kann auch noch durch Heilwolleauflagen über dem Wachstuch verstärkt werden. Gerade bei Husten ist das eine sehr hilfreiche Kombination, um diesen, unterstützend zu den ärztlichen Vorgaben, noch flotter bekämpfen zu können. Gerade in der Nacht bringt ein Wachswickel oft rasche Linderung.

Heilwolle ist ebenso in der traditionellen Heilkunde bekannt. Dies ist Wolle vom Schaf, die nach der Reinigung ausgiebig gekämmt wird, bis sie eine Art fluffige watteähnliche Konsistenz aufweist. Diese Heilwolle hat noch einen natürlichen Lanolinanteil an sich. (Lanolin wird auch Wollwachs genannt und hat einen ganz eigenen feinen Geruch.)

Gerade Frühjahr und Herbst sind die Jahreszeiten, in denen man sich aufgrund der raschen Temperaturwechsel im Laufe des Tages am ehesten verkühlt und mit Husten, Schnupfen und Heiserkeit zu kämpfen hat. Da ist die Kraft der Superbiene in Form von Bienenwachswickeln am meisten gefragt.

Bei Verkühlungen oder Verspannungen vor dem Auflegen des Wickels einfach Rückenschmeichler-Balsam auftragen und den Bienenwachswickel darüberlegen. So gelangen die hilfreichen Zutaten der Balsame noch besser über die Haut in den Körper.

Ökologisch sinnvoll sind diese Bienenwachswickel überdies. Man kann sie gut 10 bis 15 Mal verwenden, ohne sie neu einzuschmelzen.

Einfach nach der Anwendung wieder aufhängen, gut trocknen lassen und wieder kühl aufbewahren. Man benötigt ja nicht allzu viele Wickel, somit ist der Platz auch im Kühlschrank, den man dafür nutzen könnte, durchaus überschaubar.

ZUM EPILIEREN

Haarentfernung mit Bienenwachs

So einfach kann man sich das Wachs für die Warmwachs-Haar-Epilation einfach selbst machen.

Für die Warmwachsmethode braucht man nur die richtige Wachsmischung einschmelzen, temperieren, um sich nicht zu verbrennen (!), und das Wachs in einer dickeren Schicht auf die Haut auftragen. Dann nur geduldig warten, bis das Wachs vollständig erkaltet und fest ist. Zuletzt einfach mit einem Ruck das Wachs mit den davon eingeschlossenen Härchen abziehen. Fertig ist die Haarentfernung.

100 g Bienenwachs
100 g Walratersatz
20 g Carnaubawachs
½ Kaffeelöffel Honig

Die Wachse und den Walratersatz im Wasserbad gemeinsam einschmelzen. Die zu epilierende Hautpartie (an unempfindlicheren Stellen, wie z. B. den Beinen, arbeiten) mit einem Puder gegen die Haarwuchsrichtung einpudern, um Haut und Haar fettfrei zu bekommen. Die Wachsmischung, sobald sie flüssig ist, von der Hitze nehmen und mit der Hand rühren, bis sie ein wenig temperiert ist.

An einer kleinen Hautstelle probieren, ob die Temperatur passend ist. Hier ist es wirklich wichtig, darauf zu achten, dass Sie sich nicht verbrennen.

Und dann mit einem Spatel die noch warme, am besten leicht cremige Wachsmischung mit der Haarwuchsrichtung flächig und nicht zu dünn auftragen. Das Wachs abkühlen und fest werden lassen und dann mit einem Ruck gegen die Haarwuchsrichtung wieder abziehen.

Der Vorteil des warmen Wachses ist auch, dass die Haut erwärmt wird und sich die Poren ein wenig öffnen. Das wiederum ist natürlich förderlich, um die Haare besser aus der Haut zu bekommen.

Honig-Haarentfernung – mit Stoffstreifen

2 EL Honig
1 Handvoll Zucker
½ Tasse Wasser
1 Schuss Zitronensaft

Alle Zutaten in einem kleinen Topf gemeinsam ganz leicht köchelnd erwärmen und so lange erhitzen, bis die weiß-transparent-flüssige Zucker-Honig-Wasser-Masse gelblich-karamellig wird. Das ist der passende Zeitpunkt, um die leicht klebrige Masse von der Hitze zu nehmen und unter Rühren etwas abkühlen zu lassen.

Ist die Masse temperiert – und auch da aufpassen, dass man sich nicht an einer zu heißen Temperatur verbrennt! –, wird die leicht klebrige Haarentfernungsmasse noch warm mit einem Spatel auf der Haut in Haarwuchsrichtung aufgetragen und darüber ein Stoffstreifen, z. B. aus Leinen oder festerer Baumwolle, mit genügend Druck darübergelegt.

Die Epilierstreifen auf der Haut abkühlen lassen und dann mit einem Ruck gegen die Haarwuchsrichtung abziehen.

Sugaring

Diese aus dem türkischen Raum stammende Form des Epilierens mit Hilfe einer Zuckerpaste hat schon länger auch bei uns den Einzug als Sugaring gefeiert.

Die Zuckerpaste kann man auch selbst herstellen.

200 g Zucker
100 g Zitronensaft

Den Zucker und den Zitronensaft in einen nicht zu kleinen Kochtopf einwiegen und den Zucker unter Rühren im Zitronensaft auflösen.

Sobald alles flüssig ist, immer am Herd bleiben und die nächsten ca. 15 Minuten die Zucker-Zitronen-Masse rühren und am Kochen halten.

Dabei bildet sich langsam eine Art karamellige Zuckerpaste. Wichtig nochmals, immer umrühren!

Ein Glas kaltes Wasser für den Zuckerpastentest vorbereiten. Um zu sehen, ob die Paste – auch Halawa genannt – fertig gekocht ist, mit einem kleinen Teelöffel etwas von der Paste aufnehmen und in das Glas mit dem kalten Wasser geben. Wenn sich die Masse im Wasser auflöst, ist sie noch nicht fest genug und braucht noch etwas Hitze am Herd. Ist sie dann im Wasser zu brüchig oder sogar hart, einfach mit ein wenig Zitronensaft wieder etwas zähflüssiger rühren.

Ist die Masse knetbar, ohne sich aufzulösen, hat sie die optimale Konsistenz und man kann sie mit den Fingern auf die vorbereiteten (fettfreien) Zonen auftragen. Die zu entfernenden Haare bleiben am besten in der Paste hängen und lassen sich durch Abziehen entfernen. Dieser Vorgang wird immer wieder wiederholt. Mit zwei Fingern gegen die Haarwuchsrichtung auftragen und flott mit der Haarwuchsrichtung wieder abziehen. Das kann man so oft wiederholen, bis die Zuckermasse zu weich wird. Dann einfach wieder ein ungefähr walnussgroßes Stück von der Zuckermasse mit den Fingern aufnehmen und das Sugaring wiederholen.

Diese Technik des Sugaring ist eine ganz besondere. Empfehlenswert ist es, sich das vorab einmal von einem Profi zeigen zu lassen.

SEIFEN MIT HONIG UND BIENENWACHS SELBST GIESSEN

Hier wird eine Einsteiger-Methode vorgestellt, wie Sie selbst Seifen einfach herstellen können. Das Gießen von Seifen kann schon mit Kindern gemacht werden.

Diese Methode hat nichts mit dem eigentlichen Sieden von Naturseifen zu tun. Beim klassischen Seifensieden werden die Öle und Fette mit einer ätzenden Lauge (Natriumhydroxid) aufgespalten, um sie danach zu einem Seifenleim verbinden zu können.

Das Seifensieden ist ein ganz tolles Hobby für kreative Menschen, aber ohne sich vorab entsprechend eingelesen zu haben, würde ich die Technik nicht empfehlen, da man sich unbedingt unter anderem den sicheren Umgang mit dem Ätznatron aneignen sollte, was „Naturseifen-Sieden-Fachwissen“ erfordert. Dies wird in guten Naturseifenbüchern hervorragend und ausführlich beschrieben und würde hier den Rahmen sprengen, da dies in Kurzform nicht auf vernünftige und sichere Weise angeleitet werden kann.

Hier sehen Sie, wie einfach Sie aus einer bereits vorgefertigen Gießseifenmasse individuelle Seifen selbst einschmelzen und zusammenstellen können. Jedes einzelne Stück ist auch hier ein Unikat.

Auch für die Gießseifen (auch Glyzerinseifen genannt) sind mittlerweile ganz feine Bio-Glyzerinseifenblöcke im Handel erhältlich. Im Grunde genommen, ist diese Gießseifenmasse bereits neutrale Seife, die mit dem Zusatz von Düften, Kräutern, Ölen, Wachsen und sonstigen feinen Rohstoffen zu einer individuellen Seife verfeinert werden kann. Die Glyzerinseifenblöcke sind opak, wie

Seife, und transparent bzw. durchsichtig erhältlich.

Zuerst werden vom Gießseifenblock kleinere Stücke geschnitten oder mit einer groben Raspel geraspelt und im Wasserbad eingeschmolzen. Dies braucht schon ein wenig Zeit und Geduld. Je kleiner die Stückchen, desto flotter geht das. Sobald die Masse verflüssigt ist, können die gewünschten Zusatzstoffe, wie z. B. Honig, oder ein feines Öl, wie z. B. Mandelöl, hinzufügt werden. Alles gut unterrühren und die flüssige Gießseifenmasse in vorab vorbereitete Silikonförmchen abfüllen. Die Masse wird relativ schnell wieder fest, wenn sie erkaltet ist. Sie können diese Seifen gleich nach dem Ausformen verwenden.

Der Fantasie sind kaum Grenzen gesetzt. Mögliche Zutaten sind:

- **Getrocknete Blüten** und **Kräuter** (Lavendel, Rosen, Thymian, Salbei, Gänseblümchen ... am besten klein gerebelt, da sie ansonsten in der Seife kratzig sind)
- **Öle**, **Buttern** oder **Wachse** (Mandelöl, Olivenöl, Sheabutter, Kakaobutter, Bienenwachs ...)
- **Duftöle** (entweder naturreine ätherische Öle oder Parfümöle, die für den kosmetischen Gebrauch erlaubt sind; die Wahl ist oft Duft-Geschmacksfrage und man kann auch ohne Weiteres naturreine ätherische Öle mit feinen Parfümölen mischen): ätherisches Lavendelöl, Parfümöl Rose, Parfümöl Kokos, ätherisches Melissenöl ... Aus dem mittlerweile riesengroßen Strauß an angebotenen feinen Düften aus dem kosmetischen Rohstoffhandel können Sie nahezu alles verwenden, auf das Sie Lust und Laune haben.
- Weitere Zutaten können verwendet werden wie: **Honig**, getrocknete, gut zerkleinerte **Früchte**, **Orangenschalen**, fein vermahlene **Kaffeebohnen** bis hin zu Zucker-Guss-Kugerln für die Deko obendrauf.

Natürlich sind auch spezielle Formen für die Herstellung von Gießseifen im Handel erhältlich. Sie sollten wärmestabil sein, da die doch noch sehr warme Masse eingegossen wird, und darüber hinaus sollten die Seifenstücke wieder gut aus den Förmchen herausgenommen werden können. Da bieten sich die tollen Silikonförmchen an, welche man mittlerweile fast überall im Backbedarf erhält. Eiswürfelförmchen funktionieren zum Teil auch.

Lavendelbiene – der Klassiker: Lavendelseife

300 g Glyzerinseifenbasis
10 g Bienenwachs
getrocknete Lavendelblüten
10 g oder 2 kleine Kaffeelöffel Honig
20 g Sheabutter
bis zu 20 Tropfen ätherisches Lavendelöl

Für die Lavendelbiene die Glyzerinseifenbasis mit dem Bienenwachs auswiegen und gemeinsam im Wasserbad einschmelzen. Ein paar getrocknete Lavendelblüten bereit legen (weniger ist hier mehr) und in die vorbereiteten Seifenformen streuen.

Sobald die Seife flüssig ist, eine erste, dünne Schicht auf die Lavendelblüten in die Formen gießen. Etwas aushärten lassen, bis die Seife weiter verfeinert wird.

Nun in die verbliebene flüssige Seifenmasse den Honig (entspricht ca. der Menge von drei Kaffeelöffeln Honig) und die Sheabutter, in kleine Stückchen geschnitten, damit sie rasch einschmilzt, beigeben und gut unterrühren.

Kurz vor dem Abfüllen noch das ätherische Lavendelöl hinzugeben und diesen Duft auch flott unterrühren. Die Förmchen mit der Seife bis obenhin auffüllen und so lange stehen lassen, bis die Seife erkaltet und fest ist. Danach kann man sie aus der Form holen und

auch verwenden. Zum Lagern empfiehlt es sich, diese Glyzerinseifen in Frischhaltefolie zu wickeln, da sie ansonsten die Feuchtigkeit aus der Luft anziehen und unschön aussehen können.

Die frische Kräuterbiene

Gärnter-Schrubbel-Seife mit Kräutern, wenn möglich, sogar aus dem eigenen Garten

300 g Raspeln vom Gießseifenblock
10 g Bienenwachs
je 1 Kaffeelöffel Mohn, gemischte getrocknete und gerebelte Kräuter, getrocknete Ringelblumen und grüne Tonerde
10 g Olivenöl
10 g Honig
bis zu 30 Tropfen Duftöle

Vom Gießseifenblock 300 g herunterraspeln und mit dem Bienenwachs im Wasserbad einschmelzen. Mohn, gemischte getrocknete und gerebelte Kräuter, getrocknete Ringelblumen und grüne Tonerde zusammenmischen.

Sobald die Gießseifenmasse flüssig ist, das Olivenöl, den Honig und die Blüten-Kräuter-Mischung gut unterrühren. Am Schluss noch in Summe bis zu 30 Tropfen Duftöle hinzufügen. Die Masse in vorbereitete Förmchen abfüllen.

Eine feine Garten-Duftmischung wäre z. B. eine Mischung aus den folgenden naturreinen ätherischen Ölen:
5 Tropfen Rosmarinöl
5 Tropfen Lavendelöl
10 Tropfen Melisse
und 10 Tropfen Pfefferminze

Zucker-Biene – eine feine Peeling-Seife mit Honig

300 g Gießseife
90 g Kristallzucker
10 g Salz
1 EL Honig

Die Gießseife in kleine Stückchen raspeln und gemeinsam mit dem Honig im Wasserbad einschmelzen.

Wenn alles flüssig ist, von der Wärme nehmen und die Masse ein klein wenig unter Rühren temperieren, dann Zucker und Salz flott unterrühren und in die Seifenförmchen gießen.

Die Masse dickt zwar rasch an, aber zu heiß sollte sie nicht mehr sein, damit sich die Zucker- und Salzkristalle in der Seifenmasse nicht auflösen, sondern als Peeling noch vorhanden bleiben.

TIPP! Peeling

Zucker ist von seiner Kristallstruktur einfach nicht so grobkantig wie Salz und somit die feinere Wahl für ein Peeling.

Bei der Herstellung von Gießseifen könnte man die Masse auch als Platte gießen, welche nicht all zu dick sein darf (z. B. in eine flache Form), und dann, nachdem sie ausgekühlt ist, mit einem Keksausstecher Formen ausstechen.

Oder aus einer vorab gemachten Seife können auch kleine Würfel geschnitten, in die Förmchen gegeben und mit Gießseife übergossen werden.

Auch kann man eine Wachsplatte mit dem wunderschönen Bienenwabenmuster, welches man vom Kerzendrehen zu Hause haben könnte, auch in eine flache Form legen und mit einer Schicht Gießseife übergießen. Am nächsten Tag die Seife vom Wachs abheben oder -ziehen und schon hat man ein hübsches Deko-Stück von einer Bienenwachsseife. Der Fantasie sind mit Glyzerin-Gießseife fast keine Grenzen gesetzt.

Zitrus-Frische – die mediterrane Orangenseife

300 g Glyzerinseifenmasse
falls vorhanden etwas Glyzerinseifenfarbe Orange oder Gelb (auch im Rohstoffhandel erhältlich)
5 g Bienenwachs
getrocknete und zerriebene Orangenschalen
15 Tropfen ätherisches Orangenöl, süß
10 Tropfen Parfümöl Neroli (also Orangenblüte)

Die Glyzerinseife wird in kleine Stückchen geschnitten und dann entweder im Wasserbad oder auch, wenn es ganz schnell gehen soll, bei geringer Temperatur in der Mikrowelle eingeschmolzen. Aufpassen sollte man dabei, dass die Glyzerinseife nicht zu heiß wird – dies würde die Qualität negativ beeinflussen.

Das Bienenwachs ebenso mit einschmelzen.

Wenn alles flüssig ist, können noch Glyzerinseifenfarbe und Duftöle mit eingerührt werden.

Die aromatisch duftenden Orangenschalen werden am Schluss eingerührt und die flüssige Masse anschließend in vorbereitete Förmchen gefüllt.

Sobald die Seifen erkaltet sind, sind sie auch fest und können gleich verwendet werden.

FÜR UNSERE VIERBEINIGEN LIEBLINGE

PFOTENBALSAM

Gerade im Winter ist der Pfotenbalsam für Hunde ein Segen. Wer kennt das nicht? Man geht mit seinem Hund im Schnee spazieren und an den Pfoten sammelt sich der Schnee und verklumpt an den Haaren. Dies ist für unsere Hunde auch kein Vergnügen. Ein wenig Pfotenbalsam, vor dem Spaziergang am Pfotenballen und vor allem auch zwischen den Zehen der Hunde aufgetragen, lässt diese Schnee-Eis-Ansammlungen gar nicht erst entstehen.

Weiters sind ja auch viele Wege und Straßen mittlerweile auch als Schutz vor dem Eis gesalzen. Das ist zwar sehr hilfreich und auch oft nötig, aber für unsere Hunde, die dem ja schutzlos ausgeliefert sind, weil sie ja quasi barfuß – besser gesagt barpfotig – unterwegs sind, eine Qual. Auch da ist eine vorab aufgetragene Schicht Hundepfotenbalsam notwendig, um die Pfoten ein wenig vor dem aggressiven Salz zu schützen.

Ich kann nur empfehlen, vor dem Spaziergang die Hundepfoten, Ballen und Zehen-Zwischenräume mit Pfotenbalsam einzucremen. Eine dünne Schicht reicht bereits aus. Nach dem Spaziergang ist es, gerade wenn der Hund dem Streusalz ausgesetzt war, empfehlenswert, die Hundepfoten mit lauwarmem Wasser kurz zu reinigen und gegebenenfalls nochmals ein wenig Pfotenbalsam aufzutragen.

Hier kommt uns der geniale Schutz des Bienenwachses wieder zugute. Wie eine Schutzschicht legt er sich über die Pfoten und ist somit im Winter mehr als hiflreich. Diesen Pfotenbalsam kann man für kleines Geld ganz einfach selbst machen. Und da weiß ich, was drin ist.

Gerade im Winter ist die Verwendung des Pfotenbalsams besonders sinnvoll.

Pfotenbalsam – für unsere vierbeinigen Lieblinge

50 g Olivenöl
20 g Kokosöl
25 g Bienenwachs
20 g Ringelblumenöl
(auch Calendulaöl genannt)
10 g Kakaobutter

Alle Zutaten auswiegen und im Wasserbad einschmelzen. Danach die ganze Mischung aus dem Wasserbad nehmen und so lange mit einem Glasrührstab oder kleinen Löffel rühren, bis die Wachs-Öl-Mischung eine leicht cremige Konsistenz aufweist.

Dann zügig in einen vorbereiteten Tiegel oder eine Dose abfüllen und erst verschließen, wenn der Pfotenbalsam komplett erkaltet ist.

Der Pfotenbalsam beinhaltet unter anderem auch Calendulaöl, um kleinen Schrunden oder Verletzungen durch Eis, Salz oder Streu-Split gleich hilfreich entgegenwirken zu können. Die Heilkraft der sonnengelben Ringelblume ist auch bei unseren Tieren hervorragend anwendbar.

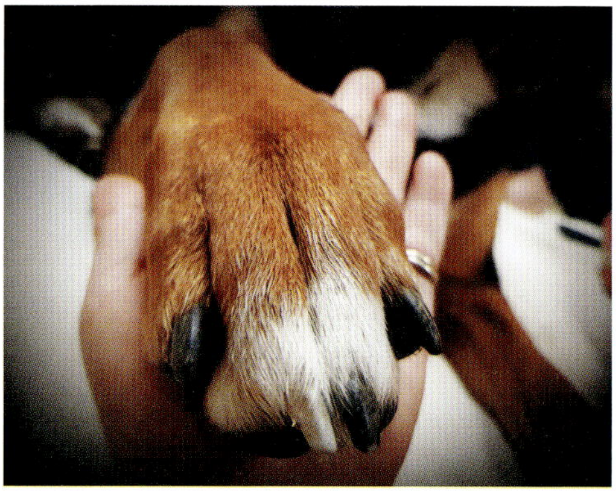

Panda, Inges Hund

Pfotenbalsam Lucky dog – eine Variante

30 g Olivenöl
20 g Beerenwachs
20 g Sheabutter

Olivenöl und Beerenwachs gemeinsam einschmelzen, dann die Sheabutter kleingeschnitten in die warme Öl-Mischung beigeben und ebenso einschmelzen. Danach in Tiegel abfüllen und erkalten lassen.

FÜR WOHNRAUM UND HAUSHALT

FÜR EINE GUT DUFTENDE RAUMLUFT

Dufttarts

Sehr fein sind auch die so genannten Dufttarts für die Duftlampen. Wir empfehlen eine Mischung aus Eco-Sojawachs und Bienenwachs. Die unterschiedlichen Schmelzbereiche helfen, die Düfte, die im Wachs eingepackt sind, auch über einen längeren Zeitraum an die Raumluft abzugeben – der Garant für ein zart duftendes Zuhause.

1 Teil Bienenwachs
2 Teile Eco-Sojawachs
Duftöle

Beide Zutaten gemeinsam im Wasserbad einschmelzen. Pro 10 Gramm Wachsmischung ca. 2–4 Tropfen aromatische Duftöle beimengen und die Masse in kleine Silikonförmchen gießen. Wenn sie erkaltet sind, kann man einen mittlerweile festen und herrlich riechenden Dufttart in die Schale der Duftlampe geben. Ein Teelicht, unter der Schale platziert, anzünden und der Dufttart löst sich schön langsam wieder in den flüssigen Aggregatzustand. Nachdem das Teelicht abgebrannt ist, wird das Wachs wieder fest, und man kann es am nächsten Tag mit einem neuen Teelicht wieder frisch anwärmen und den Duft genießen. Je nach Duft und Duft-Intensität kann man so die feinen Dufttarts immer wieder verwenden. Und am Schluss sogar wieder einschmelzen und einen neuen Duft hinzufügen.

Dufttarts Frischekick

25 g Bienenwachs
50 g Eco-Sojawachs
10 Tropfen ätherisches Zitronenöl
5 Tropfen ätherisches Lavendelöl
3 Tropfen ätherisches Litseaöl

Die Wachse gemeinsam im Wasserbad einschmelzen und dann die flüssige Wachsmischung von der Wärme nehmen. Danach die Duftöle hinzufügen und kurz unterrühren.

Die noch flüssige dufte Wachsmischung kann man dann in die vorbereiteten Silikonförmchen abfüllen und, sobald sie fest sind, schon verwenden.

Duft

Dufttarts Advent, Advent

25 g Bienenwachs
50 g Eco-Sojawachs
12 Tropfen ätherisches Orangenöl
5 Tropfen Parfümöl Zimt
3 Tropfen Parfümöl Nelkenöl
2 Gewürznelken pro Dufttart zur Deko

Die Wachse gemeinsam im Wasserbad einschmelzen. Danach die flüssige Wachsmischung von der Wärme nehmen und die Duftöle dazugeben.

In Silikonförmchen abfüllen, und wenn sie an der Oberfläche ein wenig fest geworden sind, können die Gewürznelken als Dekoration oben draufgelegt und leicht angedrückt werden.

FÜR DIE PFLEGE IHRER MÖBEL

Möbelpolitur mit Terpentin und Leinölfirnis – eine feine Politur mit pflegendem Leinöl

50 g Bienenwachs
60 g Leinölfirnis
10 g Terpentinöl (reines Terpentinöl, keinen Terpentinersatz!)
3 g ätherisches Orangenöl
3 g Parfümöl Honig

Alle Zutaten bis auf den Duft auswiegen und gemeinsam im Wasserbad einschmelzen. Danach die ganze Mischung aus dem Wasserbad nehmen und die Duftöle einrühren.

Die noch flüssige Politur in einen vorbereiteten Tiegel oder eine Dose abfüllen und erst verschließen, wenn die Möbelpolitur komplett erkaltet ist.

Die Konsistenz ist ähnlich wie früher die Schuhpasten in den Dosen – fest und doch mit einem trockenen Lappen gut entnehmbar.

Die Möbelpolitur einfach mit einem Lappen an den zu bearbeitenden Stellen aufbringen und nach 1 bis 4 Stunden nochmals polieren. Diese Politur hinterlässt den Seidenglanz, den man auch von gekaufter Möbelpolitur kennt. Der Vorteil: Sie können sich diese einfach selbst machen, wissen genau, was drin ist, und die Pflege ist genau so fein, wie sie es sich für ihre Holzmöbel wünschen.

SICHERHEITSHINWEIS!

Bitte bei der Leinölfirnis vorsichtig sein! Auf keinen Fall einen mit Leinölfirnis getränkten Lappen irgendwo liegen lassen. Dieser könnte sich selbst entzünden. Am besten den Lappen, mit dem Sie die Möbelpolitur aufgetragen haben, gleich in die Dose mit einpacken. Dann kann nichts passieren.

Möbel-Pflege für jeden Tag – die schlichte Möbel-Pflege

30 g raffiniertes Kokosöl
10 g Jojobaöl
12 g Bienenwachs

Die Zutaten gemeinsam im Wasserbad einschmelzen und dann in einen vorbereiteten Tiegel abfüllen.

Diese Holzpflege kann sehr gut bei Holzmöbeln zur Auffrischung verwendet werden. Ganz dünn mit einem Baumwolltuch auf die Holzoberflächen auftragen und bei Bedarf polieren.

TIPP! Wasserränder

Gegen Wasserränder auf Holz kann man die Magie von Bienenwachs nutzen, um diese wieder verschwinden zu lassen. Da viele Tische unter der Lasur gewachst sind, hilft Bienenwachs auch hervorragend gegen Wasserränder auf Holz. Das Wachs etwas einschmelzen, dünn auf die zu behandelnde Stelle auftragen und mit einem handelsüblichen Fön gut trockenfönen.

Wenn das Bienenwachs wieder erkaltet ist, mit einem Tuch so lange polieren, bis die Ränder verschwunden sind. Bei Bedarf nochmal wiederholen.

Holz-Wachspflege – für reine Naturholzplatten

30 g Bienenwachs
10 g Olivenöl
10 g Jojobaöl
8 g Lanolin

Alle Zutaten auswiegen und im Wasserbad einschmelzen. Danach die ganze Mischung aus dem Wasserbad nehmen und so lange mit einem Glasrührstab oder einem kleinen Löffel rühren, bis die Wachs-Öl-Mischung eine leicht cremige Konsistenz aufweist.

Dann zügig in einen vorbereiteten Tiegel oder eine Dose abfüllen und erst verschließen, wenn die Wachspflege komplett erkaltet ist.

Die Konsistenz ist fest und sehr sparsam im Verbrauch. Einfach mit einem Tuch über die Oberfläche reiben und die Wachspflege auf das Holz auftragen.

PFLEGE FÜR PRODUKTE AUS LEDER

Lederpflege mit Bienenwachs

Bei Leder unterscheidet man grundsätzlich zwischen Lederreinigung und Lederpflege. Die Pflege selbst ist als Lederpflege in Fett- bzw. Wachsform nur bei Leder möglich, das noch nicht ausgetrocknet ist. Bei trockenem Leder kann keine Fettpflege mehr eindringen. Damit das Leder geschmeidig bleibt, muss das Leder auch mit einem Conditioner gepflegt werden (nicht mit Wasser, sondern mit Feuchtigkeit), damit es weiter mit Lederfett gepflegt werden kann.

Die Lederpflege selbst ist denkbar einfach herzustellen. (Fortsetzung auf S. 58)

Natürliche
Holzpflege
mit
Bienenwachs
und naturreinen ätherischen Orangenöl
Mit der Kraft der Superbiene

25 g Bienenwachs
15 g Kakaobutter
35 g Rizinusöl
5 g Lanolin anhydrat
5 g ätherisches Orangenöl

Das Bienenwachs und das Lanolin gemeinsam mit dem Rizinusöl einschmelzen. Wenn dies flüssig ist, die Kakaobutter in der Restwärme mit einschmelzen. Die Lederpflege unter stetem Rühren abkühlen/temperieren lassen, und wenn sie kühler ist, das ätherische Orangenöl hinzugeben. Zuletzt die cremige Masse in Dosen abfüllen.

Schuh-Lederpflege – Schuhcreme, natur

Um das doch sehr stark beanspruchte Leder der Schuhe geschmeidig zu halten, ist eine gute Pflege aus natürlichem Bienenwachs eine feine Sache.

10 g Lanolin
20 g Bienenwachs
50 g Olivenöl

Alle Zutaten gemeinsam im Wasserbad einschmelzen und dann in vorbereitete Dosen abfüllen.

Die Schuhe zuerst grob feucht reinigen. Dann mit einer Bürste die Schuhcreme gut auftragen und antrocknen lassen. Anschließend kann der Schuh mit einem weichen Lappen poliert werden. Ein Zuviel an Schuhcreme wird dabei schonend abgetragen.

Gerade bei hellen Schuhen ist diese Schuhcreme fantastisch.

Schuhcreme, schwarz, braun und weiß

In das Grundrezept Schuhcreme, natur, nach dem Einschmelzen ca. 3 bis 4 Gramm schwarzes Farbpigment sehr gut einrühren. Die Schuhcreme am besten mit einem Glasrührstab so lange rühren, bis sie ganz leicht konsistent wird und eine leicht cremige Form bekommt. Das ist der Zeitpunkt, an dem man die Creme in einen vorbereiteten Tiegel oder eine Dose abfüllt. So bleiben auch die Farbpigmente in der Creme schwebend und sinken nicht auf den Boden der Ölmasse.

Für braune Schuhcreme eine Mischung aus den Farbpigmenten Braun, Rotbraun und gegebenenfalls auch Ocker bzw., wenn es noch dunkler werden soll, auch etwas Pigment Schwarz mit einarbeiten. Die Mischung der Pigmente kann so ganz fein den Farbtönen der Schuhe angepasst werden. Weiße Schuhcreme erhalten Sie durch eine Zugabe von Titandioxid-Pulver. Dieses kennt man unter anderem auch als Deckweiß bei Malfarben.

ANZÜNDHILFEN

Kaminanzünder – Zapfen- und Spanbündel, ein wunderbares Geschenk für Kaminliebhaber

Kleine trockene Zapfen
oder ein paar kleine Kienspan-Hölzchen
Kerzendocht
und Bienenwachs

Mehr braucht man nicht für diese netten Kaminanzünder.

Das Bienenwachs schonend im Wasserbad einschmelzen, bis es flüssig ist, und dann vom Feuer nehmen. Den Kerzendocht entweder an einem Zapfen anbinden oder um 3 bis 5 Holzstückchen binden.

Diese Päckchen, am Docht festhaltend, so weit wie möglich ganz kurz in das flüssige Bienenwachs tauchen. Dann kurz warten – das Bienenwachs erkaltet sehr rasch.

Kleine Zapfen mit einem Docht etwas umwickeln und dann gleich mit der Spitze, an der der Docht etwas herausragt, kurz in flüssiges Bienenwachs eintauchen. Diese Anzünde-Zapfen sehen auch sehr hübsch aus und brennen natürlich ebenso gut an.

Fertig sind die kleinen praktischen und sehr dekorativen, gut duftenden Kaminanzünder.

Schritt 1: Docht am Zapfen befestigen.

Schritt 2 : In heißes Wachs eintunken.

Der perfekte Kaminanzünder für kalte Tage.

Grillanzünder aus Eierkarton

Ein tolles Recyclingprodukt für den nächsten Grillabend!

Eierkarton
Wachs-Reste
Tannenzweig-Reste
und Holzwolle-Reste

Die Holzwolle-Reste, die man zumeist mit als Verpackungs-Staumaterial bekommt, gemeinsam mit Resten von Tannenzweigen in die Eierkarton-Mulden einlegen. Dann die Reste von Wachs und Kerzen im Wasserbad einschmelzen und noch flüssig in die Eierkarton-Mulden über die Holzwolle drübergießen. Wenn die Masse erkaltet ist, die Kartons in Einzelteile (eine Portion ist eine Eiermulde) zerreißen oder zerschneiden und schon kann man mit einem dieser Eierkarton-Teilchen den Holzkohlegrill anzünden.

Bei dieser Form von Kerzenwachs-Recycling dürfen auch Dochtreste mit dabei bleiben und abgefüllt werden.

Schnell gemacht sind auch Grillanzünder aus Wattepads und Kerzenwachs. Einfach Wattepads in flüssigem Kerzenwachs schwenken, herausholen, auskühlen lassen und so bis zur Verwendung in einer Dose aufbewahren. Brennt richtig gut.

Schritt 1: Eierkarton mit einer Schere zerteilen.

Schritt 2: Mit Holzwolle befüllen.

Schritt 3: Falls vorhanden, auch mit Zweigerln auffüllen.

Schritt 4: Das verflüssigte Bienenwachs darübergießen.

Schritt 5: Auch kleine Bienenwachsreste sind für die Anzündis geeignet.

Schritt 6: Auskühlen lassen und verwenden.

BIENENWACHS IN DER KÜCHE

Bienenwachs als Helferlein beim Backen

Früher war es üblich, beim Backen die Backbleche leicht anzuwärmen und mit Bienenwachs einzulassen. Dann ist der Teig nicht am Blech angeklebt.

Diese Bienenwachsblöcke können Sie auch selbst einschmelzen. Am besten 100 % reines gelbes Bienenwachs verwenden. Dieses wird auch oft in Pelletsform angeboten. Das Wachs im Wasserbad einschmelzen und in eine Silikonform, die sich gut in der Hand hält und eine nicht zu kleine Fläche für das Einfetten des Backbleches aufweist, abfüllen.

Wir haben eine Schäfchenform aus Silikon gewählt, die passend fürs Einfetten des Backblechs ist, da sie gut in der Hand liegt.

Für pikante Speisen verwenden wir lieber das bekannte Mehrfach-Verwendbar-Backpapier. Das herrlich aromatische Bienenwachs nehmen wir lieber bei süßen Speisen, wie Kekse und Germteigbrötchen. Da unterstützt das Aroma die herrlichen Backwerke.

Auch Waffeleisen können zusätzlich mit etwas Bienenwachs eingerieben werden. Da klebt nichts an und überdies hat man noch das feine Aroma vom Bienenwachs in der Nase.

Bienenwachs für das Einfetten des Backblechs – in Form gebracht.

„Butterbrot-Papier", gewachst

Das abwaschbare, wiederverwendbare Wachspapier, welches eigentlich ein Tuch ist, kann vielfach im Haushalt eingesetzt werden.

Dafür wird Bienenwachs im Wasserbad eingeschmolzen. Währenddessen glatte Baumwoll-Quadrate zuschneiden (je nach Einsatzbereich unterschiedliche Größe, ganz praktisch sind Quadrate in der Größe von ca. 30 x 30 cm).

Auf der Arbeitsfläche Backpapier oder eine Silikon-Backmatte auflegen, damit das Bienenwachs nicht am Tisch kleben bleibt. Das Stoffstück auf das Backpapier (oder die Silikonmatte) legen, etwas Bienenwachs daraufgießen und mit einem dicken Pinsel gut verteilen. Es wird rasch hart werden. Lassen Sie sich davon nicht irritieren. Das ist ganz normal.

Wenn das Tuch ausgekühlt und hart geworden ist, zwischen zwei Backpapierschichten legen und das Wachs mit einem alten Bügeleisen in die Stofffasern einbügeln. Das Wachs wird so nochmals flüssiger und kann durch den leichten Druck des Bügeleisens gut in den Stoff eindringen. Dies ist das Geheimnis eines guten Öko-Butterbrot-Papiers. Dies immer wieder wiederholen, bis das gesamte Stoffquadrat vollständig mit einer nicht zu dicken Wachsschicht getränkt ist. Dieses Wachspapier kann dann bei Raumtemperatur ganz gut gebogen werden. Man kann die Jause darin genauso gut einwickeln wie auch Lebensmittel für den Kühlschrank einschlagen.

Das Bienenwachs-Butterbrotpapier kann man danach auch mit der Hand abwaschen, weil der Stoff wie imprägniert ist. So lange man die Wärme des Wassers an der Hand aushalten kann, ist es kühl genug, dass das Wachs nicht schmelzen wird.

Wir verwenden die etwas stärker gewachsten Tücher sehr gerne auch als Deckel für unterschiedliche Gefäße. Bei Raumtemperatur geht dies ganz toll und vor allem kann man das Wachspapier bei jeder Größe als Deckel anbringen, weil es sich sehr gut anschmiegt.

BASTELN MIT BIENENWACHS

WACHSMALKREIDEN – KREATIV UND BUNT

Wachsmalkreiden kann man ebenso einfach selbst machen. Im Künstlerbedarf sind mittlerweile ganz tolle Farbpigmente erhältlich. Diese werden in einer Wachsmischung großzügig verteilt und dann in stifteähnliche Formen gegossen. Dieser Aufwand lohnt sich auf alle Fälle! Sie selbst können entscheiden, wieviel Farbpigment in Ihre Wachsmalstifte kommt, wie intensiv sie werden, wie hart oder weich Sie die Wachsmalkreiden haben möchten. Und zu guter Letzt können Sie ja mit Hilfe von unterschiedlichen Farben der Pigmente auch noch ganz individuelle Wachsmalkreidefarben kreieren. Ich mal mir die Welt, wiedewiedewie sie mir gefällt.

Als Formen eignet sich fast alles, aus dem die Wachsmalkreiden wieder herausgelöst werden können – bis hin zu kleinen Silikonformen. Diese gibt es auch in Stäbchenform. Wir haben sie auch zum Fertigen für Badestangen fürs Wohlfühlbad in Verwendung.

Damit sich die Wachsmalkreiden etwas besser lösen, empfehle ich hier, die Formen vorab mit einem neutralen Pflanzenöl auszupinseln.

Eine weitere Möglichkeit ist, aus dünnerem Karton die Stiftformen wie eine Zigarrenform zu rollen und unten vorsichtig zusammenzudrehen, damit nichts rausläuft. Gerade beim Hantieren mit den flüssigen Wachsmassen ist gerade das eine Herausforderung, weil sie eben wie Wasser überallhin, wo eine Öffnung – und ist diese auch noch so klein – ist, hinrinnen werden. Und das eben in heißer Form. Somit bitte darauf achten, dass die Formen auch „dicht“ sind.

Der Fantasie sind hier keine Grenzen gesetzt. Hitzestabil sollten die Formen sein.

Wachsmalkreiden einfach selbst gemacht

Aber nun zur Grund-Rezeptur für Wachsmalkreiden.

20 g Bienenwachs
20 g Eco-Sojawachs
30 g Stearin
Farbpigmente, Menge je nach gewünschter Farbintensität

Alle Zutaten auswiegen und im Wasserbad einschmelzen. Danach die ganze Mischung aus dem Wasserbad nehmen und mit einem Glasrührstab oder einem kleinen Löffel rühren, bis die Wachs-Öl-Mischung eine leicht dickflüssige Konsistenz aufweist.

So stellt man auch sicher, dass die Farbpigmente in der Wachs-Mischung nicht auf den Boden der Form absinken, sondern eher verteilt in der Wachsmalkreidenmischung bleiben. Abfüllen in die zuvor vorbereiteten Formen. Die Stifte sind verwendbar, sobald sie ausgekühlt sind.

Malkreide, in Silikonform gegossen, ...

... lässt sich leicht aus dieser lösen.

KERZEN DREHEN/ROLLEN – DAS NÄCHSTE WEIHNACHTEN KOMMT BESTIMMT

Was gibt es Schöneres als das Aroma des Tannenbaumes, gemischt mit dem feinen süßen Duft von Bienenwachs an Heiligabend?

Bienenwachsplatten in der gewünschten Größe (optimal 9,5 x 7,5 cm)
Kerzendocht Nummer 0

Den Docht immer nach oben ausrichten: Wenn man genau schaut, sieht man am Docht so eine Art Fischgrätmuster mit einer V-Form. Die zwei Spitzen des V müssen immer nach oben schauen, also einfach ein V vorstellen. Und genau so sollte der Docht dann in der Kerze liegen. Dann brennt die Kerze auch richtig ab.

TIPP! Geschmeidigkeit des Wachses

Sollte die Bienenwachsplatte spröde sein und, anstatt sich gut einrollen zu lassen, brechen, dann mit einem handelsüblichen Haarfön einfach etwas über die Wachsplatte drüberfönen und schon ist sie wieder geschmeidig.

Bienenwachskerzen, gerollt und nicht gegossen.

Den Docht auf die Wachsplatte legen und mit einem leichten gleichmäßigen Druck ganz einfach die Kerzen einrollen.

Wichtig ist, den Docht am unteren Ende der Kerze, also dem Kerzenboden sozusagen, bis knapp vor oder ganz an die untere Kante zu legen und oben um ca. 2 cm rausschauen zu lassen, damit man die Kerzen anzünden kann. Am Anfang das Wachs über den Docht drüberbiegen und dann geht's schon los mit dem Rollen. Mit beiden Händen geht es am einfachsten. Am Schluss noch die Kante etwas an die Kerze randrücken und fertig ist die erste Christbaumkerze.

Schritt 1: Bienenwachsplatte mit Docht bereitlegen.

Schritt 2: Den Rand des Bienenwachses zuerst über den Docht klappen ...

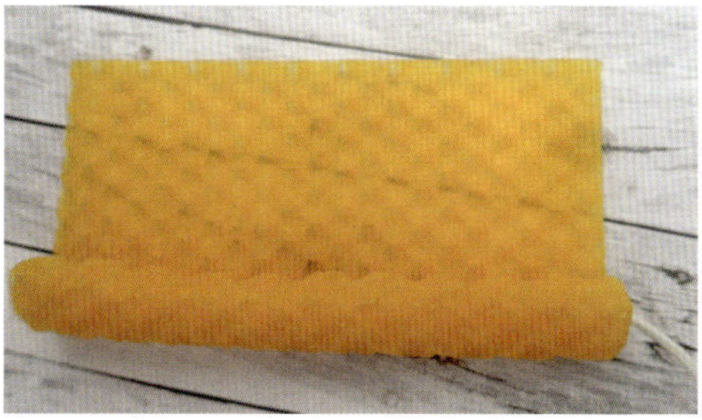

Schritt 3: … und dann mit der Hand einrollen.

Schritt 4: Der Docht muss oben rausschauen.

Schritt 5: Am besten mit der flachen Hand rollen.

Schritt 6: Den Docht am Schluss kürzen.

STUMPENKERZEN

Stumpenkerzen lassen sich so ebenso fein drehen.

Dafür die Kerzenwachsplatte rechteckig zuschneiden, indem z. B. die Platte auf der langen Seite einmal durchgeschnitten wird. Diese lange Platte nun wieder auflegen. Den passenden Docht (der von der Stärke der Kerze abhängt, siehe Tabelle Seite 72) an einer kurzen Kante anlegen, zuerst die Kante darüberbiegen und danach mit beiden Händen vorsichtig flach rollen. Die zweite Platte ebenso darüber aufrollen. So stellen Sie eine hübsche bienenwachsdufte Stumpenkerze her.

Gerade mit Kindern kann man diese Kerzen auch noch hübsch verzieren. Eine Möglichkeit ist, die gewünschten Motive mit handelsüblichen Keksausstechern aus den Kerzenwachs-

Stumpenkerze

Schritt 1: Stumpenkerzen werden auch gerollt.

Schritt 2: Den Rand gut andrücken.

TIPP! Wachsrecycling I

Da unser herrliches Bienenwachs sehr wertvoll ist, ist es sinnvoll und nachhaltig, die Wachsreste wiederzuverwenden. Dazu die abgebrannten Christbaum-Kerzenstummel sammeln und im Wasserbad einschmelzen. Die Dochte, falls sie nicht vorab entfernt werden konnten, mit einer Gabel herausholen. Das warme Wachs kann nun ganz fein in Kerzenformen gegossen und neue Kerzen daraus gemacht werden.

platten auszustechen, außen auf die Kerze anzulegen und festzudrücken. So können ganz flott individuelle Kerzen hergestellt werden.

TIPP! Wachsrecycling II

Eine weitere Möglichkeit ist, die Stumpen von den Adventkranzkerzen zusammen mit dem übrigen Wachs einzuschmelzen. Auch wenn diese aus anderem Wachs als Bienenwachs sind, lassen sich die Wachse in der Schmelze vermischen und zu neuen Kerzen verarbeiten.

Keksausstecher, gut verwendet

Recycling-Wachskerze

BIENENWACHS-TEELICHTER

Ein Teelicht wiegt so um die 15 bis 20 Gramm. Dies könnte man in etwa in die entsprechende Menge Wachs umrechnen. Somit kann man in etwa berechnen, wie viele Teelichter man aus dem vorhandenen Wachs herausbekommen kann. Eine praktische Hilfe für den Einkauf!

Das Gießen von Teelichtern ist eine sehr einfache Sache. Das Bienenwachs am besten im Wasserbad einschmelzen. Während es einschmilzt, die Teelichtförmchen, welche zumeist aus Alu bestehen, vorbereiten. Dafür gibt es am Markt die sehr praktischen „fertigen“ Teelichtdochte, welche bereits an einer kleinen Alu-Scheibe befestigt sind. Diese am besten mit ein wenig Wachs gleich vor dem Gießen in der Mitte der Förmchen ankleben. Dann das flüssige Wachs in die Teelichtförmchen einfüllen und auskühlen lassen.

Eine Variante wäre, die Förmchen zuerst zu befüllen, dann etwas zu warten, bis man Boden der Förmchen sieht, dass das Wachs langsam fester wird, also so eine milchigtrübe Optik am Boden sichtbar wird. Das ist der Zeitpunkt, an dem man die fertigen Dochte noch mittig einlegen kann. Diese Variante erfordert aber etwas Übung, denn wenn man zu langsam arbeitet, können die Teelichter bereits zu fest sein und man bekommt die Dochte nicht mehr ganz auf den Boden.

Sehr gut geeignet für solche Teelichter sind auch Wachsreste von nicht ganz abgebrannten Kerzen. Sie können sehr gut mit eingeschmolzen und so nochmals sinnvoll verwertet werden.

TIPP! Erste Hilfe bei Wachsflecken

Wenn Sie einmal Wachsflecken auf ein Tischtuch bekommen haben, können Sie diese am einfachsten wieder entfernen, indem Sie das Wachs zuerst vorsichtig abkratzen, dann auf beiden Seiten des Tuches (oben und unten) ein Löschpapier hinlegen und den Fleck ganz normal bügeln. Indem Sie über die Löschpapiere bügeln, erwärmt sich das Wachs und die Löschpapiere saugen nun das flüssige Wachs auf und sozusagen aus dem Tischtuch wieder heraus.

Schritt 1: Den Docht mit einem Tropfen Wachs ankleben.

Schritt2: Das flüssige Bienenwachs hineingießen.

Schritt 3: Teelicht aus einer Blumen-Kerzengießform

Schritt 4: Als Verzierung können Sie ein dekoratives Washi-Tape verwenden.

KERZEN IN FORMEN GIESSEN

Zum Kerzengießen werden Formen benötigt, in die das flüssige Wachs gegossen wird. Sie sind z. B. im guten Imkerfachhandel oder Bastelfachhandel erhältlich, können aber auch über das Internet bezogen werden.

Ganz toll sehen dreidimensionale Kerzen aus – wie hier zum Beispiel die Kerze in Form der zeitlosen Rose. Das Wachs wurde in eine stärkere Silikonform gegossen. Sie ist normalerweise auf einer Seite offen, um die Kerze nach dem Aushärten gut aus der Form zu bekommen, hat weiters eine Aussparung für den Kerzendocht und ist natürlich unempfindlich gegenüber der Temperatur des flüssigen Wachses. Silikon hat auch den großen Vorteil, dass das Wachs nicht daran kleben bleibt.

Natürlich gibt es viele verschiedene Formen für Kerzen, es ist hier jedem selbst überlassen, welche er wählt. Wir empfehlen aus der Praxis ganz klar die tollen Silikon-Kerzenformen.

Um Kerzen zu gießen, wird etwas mehr an Menge vom Wachs eingeschmolzen, als für die Kerze benötigt wird. Normalerweise ist die Größe der endgültigen Kerze in Gramm

Zeitloses Rosendesign

angegeben oder auch die Milliliter, die hineinpassen, auf der Form angegeben. So kann man ungefähr die Wachsmenge abschätzen, welche man für die geplante Kerze benötigt. In der Praxis werden zumeist nicht nur eine, sondern gleich mehrere Formen befüllt und somit einfach auch eine größere Menge an Wachs eingeschmolzen.

Das herrlich duftende Bienenwachs ist auch hier wieder natürlich etwas ganz Feines für selbst gegossene Kerzen. Während das Wachs langsam im Wasserbad einschmilzt, kann man die Formen vorbereiten. Einen passenden Docht einlegen und diesen auf der Oberseite, an der das Wachs eingefüllt wird, mit einem Dochthalter fixieren. Die Form kann man mit handelsüblichen Gummiringerln bzw. Gummibändern zusammenhalten um sie so abzudichten. Dann wird das flüssige warme Wachs einfach in die Form gefüllt und gewartet, bis es völlig erkaltet und somit fest ist.

Zuletzt die Kerze ausformen und sich über das tolle Ergebnis freuen.

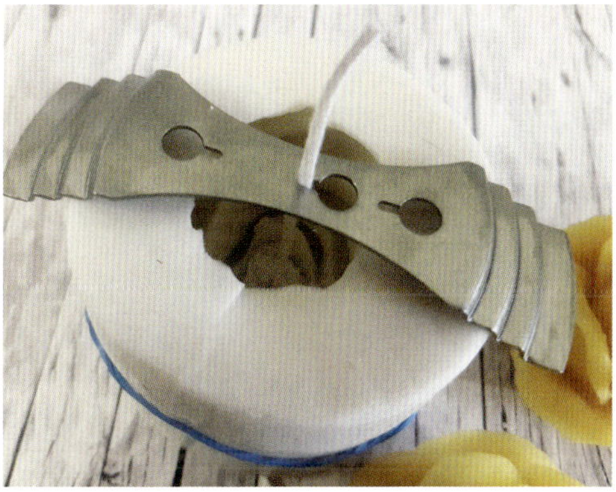

Schritt 1: Den Docht in der Form befestigen.

Schritt 2: Das Wachs in die Form gießen. Achtung: Unten ist oben.

Schritt 3: Das Wachs aushärten lassen …

Schritt 4: … und die Kerzen ausformen.

KERZENZIEHEN – DER KLASSIKER

Das Kerzenziehen ist eine wunderbare Möglichkeit, auf traditionelle Weise Kerzen einfach selbst herzustellen. Auf alle Fälle benötigt man dafür etwas mehr Zeit, weil man eine Schicht nach der anderen an der Kerze anbringt.

Man benötigt:
Bienenwachs
und Kerzendocht

Das Bienenwachs wird eingeschmolzen. Am besten ein höheres Behältnis verwenden, welches zumindest so hoch ist, wie die Kerze lang sein wird, zum Beispiel ein leeres Marmeladeglas.

Wenn das Bienenwachs flüssig ist, nimmt man es aus der Wärme. Und nun wird ein Docht in der richtigen Richtung (immer das V in der Web-Struktur des Dochtes beachten) in die gewünschte Länge zugeschnitten und mit den Fingern gehalten. Also die zwei offenen Enden des V (im Flechtmuster erkennbar) sollten hierbei immer nach oben zeigen. Nach unten an den Kerzenboden sollte die Spitze zeigen. Dann brennt die Kerze auch richtig ab. Die obere Docht-Spitze kann man nun an einem Bleistift anbinden. Denn so kann man die Kerze am einfachsten ziehen. Den Docht im warmen Bienenwachs eintauchen und etwas drinnen lassen, bis keine Bläschen mehr aufsteigen, also der Docht gut mit Wachs durchzogen ist. Dann langsam aus dem Wachs herausziehen. Dies ist nun die Basis für die Kerze.

Dann immer wieder den Kerzendocht in das Wachs eintauchen, 22, 23 vor sich her sagen und die Kerze langsam wieder aus dem Wachs herausholen. Dazwischen immer wieder die so wachsende Kerze abkühlen lassen.

Dies wird so oft wiederholt, bis Sie mit der Stärke der Kerze zufrieden sind.

Der Vorteil der Befestigung des Dochtes an einem Bleistift ist, dass der Bleistift zwischendurch zum Festwerden auf z. B. eine weiteres leeres Glas oder auf einen Karton aufgelegt werden kann, sodass die Kerze frei hängt. So können gleich mehrere Kerzen auf einmal gezogen werden.

TIPP! Dochtstärke

Es ist wichtig, die Dochtstärken an die Kerzen anzupassen. Wählt man einen zu dünnen Docht für eine Kerze, kann es sein, dass sie nur „innen" abbrennt und so eine Wachsschicht außen rundum stehenbleibt. Bei der Wahl eines zu großen Dochtes wird die Kerze stärker abbrennen, als Menge an Wachs vorhanden ist, sodass sie zum Tropfen neigen wird.

TIPP! Runddochte

Bei Runddochten kann man bis zu einem Kerzendurchmesser von ca. 5,5 cm die Dochtgröße mit dem Kerzendurchmesser in cm gleichstellen. Darüber sollte die Dochtstärke höher gewählt werden als der Durchmesser der Kerze.

TIPP! Flachdochte

Bei Flachdochten kann man sich wie folgt orientieren:

Kerzen bis Durchmesser	Empfohlener Flachdocht
Bis 3 cm	Sehr dünn 3 x 6
Bis 4,5 cm	Dünn 3 x 8
Bis 7,5 cm	Mittel 3 x 12
Bis 9 cm	Dick 3 x 16
Über 9 cm	Sehr dick 3 x 16

WEIHNACHTLICHE BIENENWACHSANHÄNGER

So richtig weihnachtlich duftend, sind die wunderhübschen Weihnachtsanhänger aus Bienenwachs. Diese sind eine Kindheitserinnerung der Autorin. Umso größer war die Freude, dass man die Formen für diese althergebrachten Motive wieder käuflich erwerben kann. Ob Engerln, Schaukelpferd oder die ganze Krippe mit dem Jesuskind – alles gibt's wieder.

Für diese Anhänger das Kerzenwachs wieder schonend im Wasserbad einschmelzen und die Formen befüllen. Gold- oder Silberkordeln in einer Schlaufe in das Wachs mit einlegen und etwas Wachs drübergießen, damit die Kordel dann auch den Anhänger am Christbaum hält. Es ist wirklich etwas Besonderes, Geschenke mit diesen Bienenwachsanhängern verschenken zu können.

WACHSANHÄNGER MIT GEWÜRZEN

Eine weitere Methode, dekorative und herrlich duftende Anhänger z. B. für Weihnachten zu gestalten, ist das Gießen in Keksausstecher auf ein Backbleck. Dafür zuerst eine ein paar Millimeter hohe Wachsschicht auf ein Backpapier auf einem Backblech aufgießen. Während dieses Schicht fest wird, können unterschiedliche Keksausstecher darin oder mit etwas Druck darauf verteilt werden. Schön eng auflegen, damit Sie Platz sparen.

Dann Gewürze, wie Gewürznelken, Sternanis oder auch Orangenzesten oder Kardamomkapseln, vorbereiten.

Die Förmchen der Keksausstecher können nun, wenn der „Unterteil" fest ist, mit Wachs befüllt werden, und während sie auskühlen, werden oben die Gewürze aufgelegt. Am besten nicht weggehen, sondern dabei bleiben, weil es relativ flott gehen kann, dass das Bienenwachs wieder fest wird, und dann lässt sich nichts mehr darauf befestigen.

Die Keksausstecher werden, wenn das Wachs fest ist, einzeln herausgenommen. Wenn gewünscht, kann man dann auch noch mit einer Nadel eine Kordel durchziehen, um die Wachsanhänger wo aufhängen oder anbringen zu können.

Oder man verwendet sie ohne Kordel als Duftpotpourri.

Wenn das Aroma zu wenig sein sollte, kann hier auch mit Parfümölen nachgeholfen werden. Es gibt übrigens auch ein Duftöl Honig. Ein paar Tropfen in das noch flüssige Wachs geben und das Aroma genießen.

ZU GUTER LETZT NOCH DIE FRAGE ...

WO SIND DIE TOLLEN ROHSTOFFE UND DAS ZUBEHÖR ERHÄLTLICH?

Was uns persönlich am Herzen liegt: Wenn Sie sich Honig und Bienenwachs kaufen, dann beziehen Sie es bitte vom Imker Ihres Vertrauens aus Ihrer Region. Nur so können Sie einerseits die Bienen in ihrer Umgebung und damit Nachhaltigkeit und Regionalität unterstützen. Denn Ihr Imker aus der Region achtet mit viel Einsatz darauf, dass es den Bienen gutgeht und es sie auch weiterhin in Ihrer Region gibt.

Was die anderen in diesem Buch verwendeten Rohstoffe neben Honig und Bienenwachs betrifft, werden Sie sicher viele Pflanzen aus Ihrem eigenen Garten verwenden können – und ansonsten können auch viele von Hand gefertigte Bienenwachsprodukte bei der Autorin selbst bezogen werden.

Bezugsquellen für Rohstoffe und von Hand gefertigte Bienenwachsprodukte:

Inge Josel

www.ingejosel.com – die Bienenwirtschaft

Vita von Waldehoe – www.waldehoe.at

RAUM FÜR IHRE NOTIZEN

RAUM FÜR IHRE NOTIZEN

RAUM FÜR IHRE NOTIZEN

Aus unserem Programm

ISBN 978-3-7020-1517-6

ISBN 978-3-7020-1456-8

ISBN 978-3-7020-1476-4

Leopold Stocker Verlag

Graz – Stuttgart

www.stocker-verlag.com